U0004130

Trans+

Trans+

Trans+

Trans+

有解

有一些事情需要了解

小異　小小的奇異

有解系列 02

地之理與人之道

作者：崔昌祚
譯者：韓梅
本書由韓國文學翻譯院贊助出版。
This book is published with the support of the Korea Literature Translation Institute in commemoration of Korea being the Guest of Honor at the Frankfurt Book Fair 2005.

責任編輯：陳文芬
美術編輯：何萍萍
法律顧問：全理法律事務所董安丹律師
出版：小異出版
台北市105南京東路四段25號11樓
TEL：(02)87123898　FAX：(02)87123897
e-mail:locus@locuspublishing.com
www.locuspublishing.com
發行：大塊文化出版股份有限公司
台北市105南京東路四段25號11樓
讀者服務專線：0800-006689
TEL：(02)87123898　FAX：(02)87123897
郵撥帳號：18955675
戶名：大塊文化出版股份有限公司

總經銷：大和書報圖書股份有限公司
地址：台北縣五股工業區五工五路2號
TEL：(02) 8990-2588 (代表號)
FAX：(02) 2290-1658

初版一刷：2005年9月　二版一刷：2006年5月
定價：新台幣380元
ISBN　986-82174-3-1
版權所有　翻印必究
Printed in Taiwan

地之理與人之道

韓國的風水思想

崔昌祚◎著

韓梅◎譯

目錄

序

自一九五六年進入小學，我在校園裏一直學習、工作了三十六年，直到從學校辭職，我平生第一次享受到眞正的自由。我到處遊歷，也思索了很多問題，算是終於得到一個機會，可以對風水思想進行全面的省察。我思考以後該如何在大學以外的地方研究風水思想，並對將要做的工作做出了大致的計畫，覺得有必要對自己發表過的關於風水的文章做一個整理，本書就是出於這個目的的編纂而成的。

我把這一期間自己思考過的問題歸納爲五章，即風水的思想基礎與歷史變遷、地氣與風水的理論結構、當代墓地問題與陰宅風水、從風水角度看待環境問題以及首都、國土與風水。大部份文章都對當時發表的內容進行了修訂和補充，內容有些變更。但是，一小部份內容不得不有所重複，特此說明並懇請讀者諒解，因爲在文章的展開中，類似的內容有時不可或缺，有時爲強調自己的觀點，我有意陳述了兩遍。

我現在才四十多歲，並不算老，卻奢談什麼總結歸納，當然很是慚愧。但從個人角度來說，我決定離開學校，就承受著許多壓力。我相信，總結一下自己對風水的一些想法，會作爲一個重要的契機，發揮一定的作用。況且我做個梳理是爲今後的研究工作打下基礎，並非狂傲自負，暫且以此自慰吧。

向漢城大學提交辭呈後，我回到了驪州，站在父親墓前，心裏充滿了負疚之情。祭拜完先父的墳墓，走在田野上，我心潮澎湃，大風中夾雜著的呼嘯聲是父親的責備還是鼓勵？我無從分辨。我沿著凍得硬梆梆的田埂路走著，跟在兒子的身後，望著東邊露出魚肚白的天空，企盼得到父親的安慰，心情十分淒涼。我曾決心永遠不再打擾安息的父親，但這確實很難做到。與此同時，我無數次地反問自己：我是否應該不顧諸多的艱難險阻，將風水思想當作現在韓國地理學一個正確的發展方向繼續研究下去？

當我走在江原道甯越金笠①墳墓所在的鹿灘到其故居淤屯裏的山路上，積雪已經很厚，雪花還在漫天飛舞，似乎要遮天蓋地，讓人看不清眼前的道路。白天，在淤屯裏金家喝了些酒，胸口熱乎乎的，當時我感覺風水思想的未來就像彩虹，充滿了希望。

風水思想面臨著困境和希望，它將要走向何方？這些取決於我和我的學生們將來付出多少努力。簡單地說，我們希望通過風水思想，消除自私、墮落、已淪爲雜術的風水，創造傳統風水思想嚮往的大同生活，我們也希望從風水中找到辦法，治理已遭到極度污染的大自然。

本書全部或部份收錄的文章刊登於以下刊物：

〈對陰宅風水的發蔭及其批判的考察〉，《韓國喪葬禮》，國立民俗博物館，一九九〇年十二月

〈積德即明堂〉，《月刊朝鮮》，一九九〇年十二月

〈朝鮮後期實學者的風水思想〉，《韓國文化》第一一期，漢城大學韓國文化研究所，一九九〇年十二月

〈從風水地理看韓半島統一〉，《每日經濟新聞》，一九九一年一月一日

〈地理與韓國統一〉，《論壇21》，未來構想研究所，一九九一年一月

〈世道變，首都亦變〉，《月刊朝鮮》，一九九一年一月

〈氣是感覺，不是理論〉，《月刊朝鮮》，一九九一年二月

〈地氣來自何方〉，《月刊朝鮮》，一九九一年三月

〈土地是我們的母親〉，《新農民》，一九九一年三月

〈韓國風水思想的歷史變遷與地理學〉，《精神文化研究》通卷第四二期，一九九一年三月

〈假如氣與鬼相互感應〉，《月刊朝鮮》，一九九一年四月

〈風水思想與環境保護運動〉，《話》，一九九一年四月

〈破壞自然，就毀掉了明堂〉，《月刊朝鮮》，一九九一年五月

〈山川如生物〉，《月刊朝鮮》，一九九一年六月

〈放鶴洞銀杏樹所在地與災殃〉，《月刊朝鮮》，一九九一年七月

〈新語言，新闡釋，新探索〉，《月刊朝鮮》，一九九一年八月

〈風水地理師眼中的豪華墓地〉，《話》，一九九一年十二月

〈風土與回憶〉，《月刊文章》，一九九二年二月

〈地名是文化的化石〉，《我們的教育》，一九九二年二月

〈再也感覺不到地氣〉，《書與人生》創刊號，一九九二年三月

〈這片土地到底屬於誰〉，《文化通訊》，一九九二年四月

〈文化遺產與風水〉，《環境與園林》，一九九二年四月

因未能向各位編輯一一求得諒解，借此機會表示歉意。

由於我拿工資的生活突然中斷，難免產生衣食之憂，鮮京公司的崔宗賢會長立即提供了財政資助，民音社的朴孟浩社長則提供了忠清北道報恩的一片地，供我和學生們一起學習，在此深表謝意。另外，每當我消沉時，江原道甯越郡夏東面一帶的山河都像父母一樣對我張開熱情的臂膀，即便我冒然造訪，胡枝子谷金大哥和崔大嫂夫婦也會熱情歡迎並提

供食宿，這些我都會銘記終生。

這本書只是對過去的一個總結，但風水思想將來能否眞正成爲一劑良方，拯救我們的土地？我也時常產生懷疑。爲了創造所有人共同幸福生活的風水寶地，爲了讓所有的地方都成爲風水寶地，而不是去尋找明堂讓富人發福，也爲了把已走上歪路、淪爲統治階層自私術法的風水還原爲過去先人曾經擁有的民衆的大同風水，我們必須著手重建正統的風水，筆者謹希望此書能夠爲此做出些微貢獻。

編註：韓國首都首爾舊名漢城，本書保留作者昔時生活、教書的城市漢城之名。

第一章

風水的思想基礎與歷史

第一節　以人倫爲本的地理學

1. 一般人對風水的誤解

近來，大部份人都以爲風水是一門挑選墓地的技術，認爲它完全出於自私的目的，即爲父母選處好墓地使自己和自己的子孫得到蔭庇。儘管這與事實相去甚遠，但長期以來國人一直信奉著這種被歪曲的風水，並將其置於信仰之上。

根據我的經驗，無論個人的宗教、階層、學歷和地區有何差異，人們似乎都信風水，當然有些人會矢口否認，但一旦親人故去或遭遇飛來橫禍，人們都無一例外地開始議論墓地的位置如何如何，對此筆者已屢見不鮮。

儘管有人曾多次提醒，但其弊端絲毫未減，高官、巨富和知識份子帶頭積極參與，使問題變得更加難以解決，生活順利、事業成功的人更是不惜鉅資繼續佔據風水吉地。他們不管自己的品德如何，以爲僅憑陰德的庇佑就能永遠過好日子，世上豈會有這種道理？

一方面，很多所謂領導階層的人請所謂當世最好的風水師探尋吉地明堂，修建豪華的墓地；另一方面，常常有人因無錢買地安葬去世的父親，把屍體擱在屋裏就逃之夭夭。做爲子孫，躲起來偷看鄰居們在區政府或居委會工作人員的幫助下將父親的屍身火葬，其心情恐怕難以形容。在風水的名義之下，竟然出現這種不公平、不合理、矛盾甚至對立的現象，對追求實現天道、人倫與地理的正統風水師來說，不能不說是一種奇恥大辱。

其實，這種墮落、變質、歪曲了的雜術，根本不配稱爲風水，應該被徹底消滅，對此先哲們也曾表示反對，現整理如下：

茶山丁若鏞②說，父母在世時，爲了讓兒女成才，與他們促膝而坐，拉著他們的雙手諄諄教誨，子女們尚且忤逆，更何況父母死後呢？湛軒洪大容③說，身受重刑的囚犯，被囚於獄中，受到百般折磨，卻從未聽說誰的兒子因父親身受酷刑而身染惡疾，更何況死者的魂魄呢？已經死去的父母怎能降福於尚在人世的兒子呢？

一些人爲父母尋找風水寶地做墓地，並不是爲了讓已故的父母得到安息，而是自己想蒙受陰德，上述言論嚴厲批判了這種自私自利的行爲。

2. 人倫即風水地理

我們的傳統思想認爲生死有命，富貴在天，仁者固其義而不謀其利，彰其德而不炫其長，子女埋葬父母只要關心如何能使其得到安寧即可。

《人子須知》上說，儘管風水的報應學說宣揚如何如何做會有所得，但那不該是仁者與孝子刻意追求的東西。吉地本不易發現，要找到眞正經驗豐富、技藝高超的風水師更是難上加難。

不管風水先生多麼有經驗，也不管能不能請到他，一個地方的優缺點以及某人能否得到它皆爲天意，非人力可爲，只有孝心才能開啓那扇大門。君臨於浩渺宇宙之上的蒼天做出安排，讓仁人義士在冥冥中能夠發現，來報答他們的德行。因爲善良的人奉天爲父，不但自身謹愼修德，也讓家人積德行善，一言一行都不願違逆上天的自然之道。其中，最令人關注的並非宗教或科學上所說的抽象、排他的構成，而是人的實際體驗及其意義。

對此，頂級風水大師一行禪師強調指出：

> 孝子應爲父母尋一處山水好的地方，因爲葬禮是把父母從陽世送走的最後一個儀式，只有這樣做能使父母的遺骸得到安寧，孝子才會心安。如果父母的遺骸得到安寧，福氣就會降臨到子孫身上，陰德可以澤被陽間的後代，不是孝子的人怎敢對此存一丁點兒奢望？世世代代的孝子賢孫不相信把父母安葬在好地方，福氣就眞能降臨到自己頭上，只有愚蠢、卑賤之輩才會把受陰德庇護當成自然天理，孜孜以求地尋找吉地，將它當作安身立命之計。其實，風水的眞理在於使父母的遺骸得到安寧，並非自己要蒙受陰德。

那麼所謂最高水準的風水師選址是否從不出錯？答案是並非如此。

朝鮮王朝歷代一直都看風水決定王陵的位置，但結果又如何呢？特別是在朝鮮王朝初期，儘管風水盛行，但骨肉相殘的悲劇總是不斷上演，不能不發人深省。君王們可以動用一流的風水師，隨心所欲地挑選中意的地方，而他們的子孫反而命運悲慘，這又該如何解釋呢？

《世宗實錄》上有這樣的記錄：李正寧在世宗④時代擔任風水學提調⑤，他與太宗⑥之女淑惠翁主成婚，被封爲星原尉，是當時的風水大師。當時的世子嬪去世時，睦孝智指出安山古城址來龍低矮且多有斷頭，李正寧選此地作陵墓不吉。他無視這一說法，堅持原來的決定，甚至倚仗自己高貴的身分欺君枉上。他的欺騙行爲起於端宗⑦的胎室⑧問題，他因此被罷官。端宗的胎室在廣尙北道星州，但那裏有李正寧的始祖李長庚的墳墓，如果要在那裏修建端宗的胎室，就要圍起石欄，遷走李正寧始祖的墳墓。那時李正寧任風水學提調，尹統和鄭秧任風水學訓導⑨，尹統認爲，即便是風水學提調始祖的墳墓，如果妨礙設置圍欄，也必須遷移。李正寧聽說後，爲保住祖先的墳墓，心生一計，他把尹統撇在一邊，而選派鄭秧去辦理此事。後來，這一事實洩漏，鄭秧被義禁府⑩關押，李正寧被罷官。

李正寧的所作所爲，毫無追求天道、地理的風水師應有的品德風度，竟被尊爲當世的大師，不禁令人失望。即便如此，世宗親自將壽陵定爲獻陵西側時，他也曾參與。端宗即位的那一年，睦孝智提出文宗⑪的陵地不佳，於是衆說紛紜，無法確定陵地。這時，朝廷竟然再次啓用正在居喪的李正寧，最終決定將顯陵定在太祖⑫的健元陵之側。

據《端宗實錄》⑬記載，有人評價李正寧性情溫順，但偏狹吝嗇，不堪爲宰相之才，在風水地理方面，卻是當世無人能及的大師。筆者感到奇怪，如此違背人倫者怎能洞察地理？所謂當世一流地理師的稱號更使人扼腕歎息。

如上所述，世宗的陵地是他生前親自選定的，但由於屬於礦中聚水的水簾地形，遭到反對，並終於在睿宗⑭時期被遷到現在的驪州英陵。對第一個陵址，鄭麟趾⑮曾經說好，對第二個陵址，他也說好，將士大夫應有的一貫性都棄之不顧，要起兩面手法，這樣的人根本不配談什麼風水。

當時世宗希望葬在父親太宗的獻陵西側支脈上，風水師對此表示反對，世宗固執己見，聲稱兒子想埋在父親身邊乃是天倫，不能僅憑風水就橫加阻攔。由於反對之聲不斷，世宗派右議政⑯河演、禮朝判書金宗瑞、右參判鄭麟趾等去現場勘察，以確定能否將那裏定爲陵地。鄭麟趾等引用《拾遺》、《疑龍經》、《斷制粹言篇》、《入世歌》、《洞林照瞻》等風水書籍，奏稱該處是吉地，世宗最終安葬在該地。

但是，下葬十九年後，朝廷計畫遷移世宗的陵墓，這時，鄭麟趾隻字不提自己沒有看出原來的墓地屬於水簾地形並曾表示贊成，對新選的陵址也表示贊成，說那裏並非水破長生（從明堂流出的水如果流入十二神煞中的長生石方位，則凶），甚至奏請鞫問反對使用新陵址的安孝禮。據說，後來實際遷墳時發現世宗的屍體雖已入土近二十年，壽衣卻尚未腐爛，而且面色如生。

此種地形被稱爲生屍穴，是極爲忌諱之地，當初選址時，群臣翻遍了衆多的風水地理書籍，而且最高水準的大師雲集，包括鄭麟趾在內的所有人都稱該處是寶地，這一事實不禁令人失笑。當然，在這個領域，傳奇式的人物也可能馬失前蹄。像有名的南師古就曾講過一個故事。他曾多次尋找安葬父親的吉地，但每次埋葬後，都發現不太理想，因而多次遷墳。後來終於得到一礦，乃是飛龍上天形，於是大喜。到遷墳時，一個背土築塋的役夫唱道：『九遷十葬的南師古，莫要認作飛龍上天，豈不知實爲枯蛇掛樹。』南師古聽後大吃一驚，再次察看山形，果然是條死龍，急忙尋找那個役夫，他卻倏忽不見了。南師古感歎：『地各有主，非人力所致。』結果只好將父親移葬到僅可無害之處。由此看來，爲給父親選處好地，南師古竟然遷墳九次、埋葬十次，最後還是把枯蛇掛樹錯看成了飛龍升天，明堂選址的偶然性和風水地理方法的局限性由此也可見一斑。

不但如此，對於世宗的初葬地，同爲當世一流風水師的李陽達也用多種理論駁斥了崔揚善提出的問題，對當時決定使用原來的位置起了推波助瀾的作用。他還多次參與了國家的選址事宜，比如太祖的壽陵選址，奉王命選擇了世宗的丈人——沈溫⑰的安葬之地，此外，他還爲太宗第四子城寧大君選過葬禮日期。

3. 卜其宅兆

孔子稱卜其宅兆為安措，程子注釋說，所謂卜其宅兆，是卜算地之美醜，地美則神安、子孫盛，正如根壯則莖葉盛，父母、子女為一體，此安彼安，此危彼危。

朱子也曾講過類似的話，他說，葬即藏，藏祖先遺體。子孫藏祖先遺體，需持謹慎恭敬之心，方為長治久安之計。形骸安則神安，子孫昌盛，祭祀不絕。如葬宅不正，地不吉，必受水、蟲、風之害，形身不安，子孫斷絕，應畏忌。

歸根結柢，他們都在強制性地教導人們要妥善安葬父母的遺骸，告誡說否則會受懲罰，不過他們都不曾提及墓地選得好就能得到福佑的荒唐理論。

那麼氣是如何從父母流向兒女的呢？東晉（西元 317～420 年）郭璞撰寫的《錦囊經》中說：所謂生，即氣之所聚，氣結則成骨。骨為人之生氣，人死唯有骨存。故所謂葬者，即氣返入骨，生者受其陰德。

對此，一行禪師解釋說：人之生為氣所聚，氣聚則化為血肉，其中凝者為骨，故人死則血肉消而唯有骨存。骨亦氣之所聚，生時同類受氣，死後下葬，其骨再納生氣，陰德澤被子孫，故子孫為祖上遺骨所成。也就是說，人死則血肉腐敗消失，只有骨頭剩下來，這就是遺體，成為子孫的身體。而且下葬後精氣入骨，精氣結合形成萬物，所以子孫的生命之本是父母的遺骨。

長久以來，聖人的智慧教育我們：生者求福時，受其根本（父母之骨）的陰德，這就是葬禮的原理。萬物無不以氣感應，吉凶禍福也無不由氣而成，人之禍福雖止於外，實則源於氣，因此氣吉則祥，氣凶則凶，全部源於自身。

安葬父母是本，受其陰德得福爲末，福、利之類不過是上天使用的權宜之計而已。如果五行生氣與地的生氣、遺骨的生氣合而爲一，福氣就會降臨到生者的身上。由此來看，只有死者的屍骨保存下來，才能吸納生氣，如果連骨頭都化成了塵土，生氣還有何用？骨頭化爲塵土只需一代的時間（三十年），此後，吸納生氣的本骸（即父母的遺骨）就會消失，墳墓也就沒有了意義。

這意味著，如果遵循風水的根本原理，將來可以對墓地進行清理，讓它還原爲耕地。因此，認爲風水促使墓地成爲社會問題的想法是錯誤的。

土地不會惺惺作態，也不懂寬恕之道。明朝初年，徐善繼、善述雙胞胎兄弟耗時五十年，踏遍各地山川，撰寫了《人子須知》一書。書中說：人之子欲求葬親之地，應先修德，如果心性殘暴，不講道德，即便僥倖得到地利，也得不到上天的保佑。人來自土地，最終還要化爲塵土，回歸土地，因而不能完全無視土地的法則——地理。

所以，自從風水形成以來，人們觀察山川，分辨其善惡、美醜的努力就從未停止過，不過，那些艱深的理論追求一個共同的原則，就是和諧與均衡所代表的心靈平和，而絕非物質上的豐饒。

4. 風水的理論體系

我們暫且拋開理論不談，先來思考一下應該怎樣看待土地。首先，風水師看山必須不畏跋涉，而且對山懷有深厚感情，把山當做生命體。

積累了看山的經驗之後，風水師的心靈尋找到太古的寧靜，在他的眼裏，山不再只是泥堆或土堆，而化作了龍，可以掀起風雲變化。達到這一境界的人才有資格談論風水。

然後，人們開始尋找那條龍，借助它將一己之氣化爲天地之氣。要想把山看作龍，就要拋開理論和無用的知識，全身心地接納它，與之合爲一體。人如果心如止水，不懷任何私心雜念地對待山，山就會顯露出生機和靈性，開始與人對話，這是風水的出發點。

但是，有一點我們需要深刻反省，那就是正如人無貴賤之分，山、地也無所謂好壞之別。以人爲例，如果讓人做某些他做不到的工作，他就顯得無能。地也如此。如果選錯了它的用途，我們有可能深受其害，但這是人的過錯，並非地的過錯。我們應該謹記，即便與風水上的原則相去甚遠，某些特殊的地方也可能是天賜寶地。

相對的，有些地方雖然完全符合風水的原則，如同教材上的範例，無絲毫的誤差，卻也可能是無氣的虛花。最重要的是尋找那塊地的龍脈上有什麼氣，而最佳的方法就是不做違背人倫的事，抛去私心雜念，以一片誠心對待土地。

正如退溪⑱所言，不仁者爲私欲所蒙蔽，無從理解物我消長的原理和惻隱之心，如能打破有我之私，擴大無我之公，可以讓磐石般頑劣的性情變得圓融、明澈，在物我一體中獲得自己的見解。這種態度就是以全身心接納土地的元氣。

下面來談談地形。山陵如果具備張開懷抱的姿態，懷中就是明堂。比如母親給嬰兒哺乳時，用雙手把嬰兒摟進懷裏，將乳頭塞入嬰兒口中，這種情況下，母親的懷抱是明堂，乳房是穴場，乳頭就是穴之所在。

土地也是如此，周圍山水環抱，形成母親懷抱般安適的場所，這就是明堂。明堂裏地氣聚集的局部區域爲穴場，其中地氣與人體相通之處是穴。

如果母親在奶瓶上裝上乳頭，把嬰兒抱在懷中餵牛奶，就成了只有明堂沒有穴的形勢，如果將一個假人擺出類似母親張開懷抱的樣子，讓嬰兒躺在裏邊，餵他牛奶，則既無明堂，也無穴。

從外表看來，那似乎也是懷抱，但沒有母親的生命精氣，風水書裏將這種徒具其形卻全無地氣的地方稱爲虛花或假地。

如果發現充盈著生氣的山龍形成明堂，需要再察看一下明堂的周圍和內部。拿嬰兒吃奶為例，要看看那個懷抱是慈祥生母的懷抱，還是雖為生母卻嫌惡嬰兒的母親的懷抱？是柔順、有愛心的繼母的懷抱，還是狠毒的繼母的懷抱？是乳母的懷抱，還是姑母的懷抱？因為那個懷抱對孩子品格的形成至關重要。

那麼由誰來判斷、如何來判斷這種地形呢？只能自己直接去感受地氣，儘管有專業的風水師，但他們為了報酬給人選地的行為怎能符合天道呢？

我敢斷言，為錢財選地的風水師絕對找不到什麼名穴吉地，因為貪欲蒙蔽了他對氣的感受能力。再者，我們應該思考一下，王陵都是由當時頂級風水師選定的，王室的後代們下場又如何呢？謙遜一些吧，靜下心，認眞傾聽大地的呼聲，當我們與大地融為一體的時候，大地會說：來吧，我接納你。

不過，能到達這一境界的寥寥無幾。因此，有人想出了偷懶的方法，就是制訂一些相地的術法。其實我們大可不必把精力耗費在晦澀的術法上，只要屏氣凝神認眞觀察周圍的山龍是否具備以下的形態即可：

首先，玄武作為主山必須高於周圍的群山，有氣勢和威嚴則更佳，但又不能過分冷峻。如果它昂然直立，對其他山峰形成威壓之勢，並非好事，好比丈夫作為家長要剛柔並濟，才能稱為好丈夫一樣。如果主山孤峰獨秀，與周圍的山峰看起來不和諧則不吉，這好比一個家庭，如果子女都很平庸，父親過度嚴厲，子女可能畏首畏尾，產生自卑感。簡言之，就是要和諧、均衡，不過也不能過於四平八穩，以致失去生機和活力。

我們坐在明堂之內，如果感覺無比舒適、愉悅則佳，絕不能對土地有所奢求，那是貪欲，地氣絕不容忍人的貪欲。土地由鬼神掌管，除非祖上代代確實積德行善，否則絕對不可覬覦。

需要注意的是，青龍、白虎、朱雀等從屬於玄武的群山不能表現出背逆主山的姿態，特別是青龍、白虎如果背轉身去，好像對主山心懷嫉妒，或者二者對峙，似乎在相互撕咬，則十分不吉。因爲如果青龍和白虎忘記了自己的本份和地位，反倒像主山一樣威風凜凜地正襟危坐，不但本身不能結什麼吉穴，還盜取主山的生氣，有時它們尖銳的分支還會直刺主山的穴場，形成煞。

水又該如何呢？

第一，選址的時候，風水強調除要有供氣的主山之外還必須有水，因爲我們不是爲尋找水源而四處遷徙的遊牧民族，作爲農耕民族，傳統上一旦選好位置就祖祖輩輩定居下去，所以理所當然地把水作爲挑選住址的必需條件。也有人用男女相配、陰陽相輔的觀點來解釋這種現象，那不過是有學問者炫耀學識而已。

第二，山、水相交之處符合我們韓民族的居住要求，從經濟上來講，這樣的地方既有山，又有水，能夠提供豐富的物產。

大江大河交通便利，而且水對人的心性影響很大。如果能將半乾燥地區遊牧民族的氣質與在水邊耕作的韓民族的氣質做一下比較，是最好不過的，但由於篇幅所限，本書只能省略。遊牧民族也有適應水土的獨特能力，而且那必然符合他們的要求。

第三，如果確實找不到有水的地方，有時候我們可以用與水性質相同的路來代替，因爲無論水還是路，都具有流動性。根據流水不腐、戶樞不蠹的自然法則，土地也必須呼吸、循環，才能保持健康。

第四，風水上以溫和、柔順、悠長的水流爲上，忌諱湍急的水流，認爲水流有力地刺或射向穴位不吉。總之，風水上認爲不吉、忌諱的水流都易發生事故。因此，山間溪流即便確爲山川勝景，也只能是一時駐足觀賞的對象，絕非安居之所。

不過，無論水流如何清澈、悠長，陰冷之地也應避諱，人如果誤入這種地方，可能會災禍臨頭。這種地方附近的居民中大多流傳著水鬼的傳聞，因爲水中有冷水區或漩渦，急劇的水溫差會使人心臟痲痺，漩渦可能會把人捲走，所以會產生這種傳聞。

第五，人爲地改變或堵塞水流也違逆自然法則，可能會產生副作用，需要謹慎從事。最近，農村常有改變河道的直江工程，完工後，卻經常發生河流沿岸遭到蠶食、河堤被毀、水質變渾等災患。

如果堵塞水流，則危害更大，攔河大壩的上游形成巨大的水窪，霧氣瀰漫，常常形成瘴氣，成爲損害居民呼吸器官和神經系統的元兇，從景觀上看也極其不和諧。

灘塗村落中則常圍起海邊灘塗，將其改造爲農業用地，這也同樣因爲改變了大自然，有時會造成生活上的諸多不便。

試舉一個人爲地攔截河流進行開發造成災害的例子，美國佛羅里達州凱施密河的情況就發人深省，以下是一九九二年四月四日《韓民族新聞》關於此事的報導：

爲了將最初爲調解洪水改直的河流恢復蜿蜒曲折的原貌，美陸軍工兵部隊和佛羅里達州政府及環境保護團體正聯合推進大規模的建設工程，頗爲引人矚目。《紐約時報》近日報導說，此次工程有望成爲有史以來最大的環境復原工程，將花費十五年時間，耗資三億六千八百萬美元，需要恢復面積達一百一十七平方公里的生態系統。

流經美國佛羅里達半島中部的凱施密河是典型的曲線形河流，緩慢流動的河流周圍濕地發達，裏面棲息著各種水鳥和珍稀動物，並保存著許多珍稀植物物種。但是，定居此地的農家和牧場訴苦説遭受洪水災害。一九五四年，應州政府的要求，美陸軍疏通了河底，並將河道改爲直線形，使之成爲適宜船隻航行的運河，它的名字也從凱施密河改爲C—38。

結果洪水災害減少了，水流變得湍急起來，濕地的水卻乾涸了，白鷺、蒼鷺等珍禽銷聲匿跡，水鳥的數量急劇減少到原來的10％，曾在清澈的河流中游弋的魚類也無影無蹤了。

河道改直工程完成後，環境保護人士從一九八三年起開始提出抗議。隨著公衆對環境的關心日趨高漲，美國陸軍也改變了方針，開始與長期以來一直反對這一工程的環境保護團體西艾拉俱樂部合作。在州政府的大力支持下，關於復原河流的研究項目啓動，把濕地還原爲存水窪地的試點工程取得了成功，消失了的生物開始回還了。

主工程是用土塡封部份運河，並拆除水門，從而使縮短爲九十公里的河流增加爲原來的一百六十五公里，此外，還將收購可能發生洪水災害的氾濫沖積平原二百六十三平方公里。

人們希望通過這一復原工程，讓消失了蹤跡的二百種鳥類、三十三種哺乳動物、三十五種爬蟲類、四十八種魚類以及數不勝數的無脊椎動物再次回歸濕地，其中包括白鸛、禿鷲、佛羅里達熊貓等瀕臨滅絕的物種。

儘管這一工程也因耗資巨大遭到一些訾議，但民間、政府及軍方仍決定聯合推進這一以保護環境爲目的的大規模建設工程，使我們眞切地感受到人們對環境的態度發生了巨變。

第六，風水上認爲蜿蜒曲折、緩慢流動的曲流勝過洶湧湍急的直流，因爲洪水爆發時直流容易氾濫，所以不適合居住，只宜用作耕地。

衆所周知，水與山不同，它不是永恆不變的，即使不施加人力，有時也會滄海變桑田，因此看待它的眼光也不能一成不變。然而，一旦人們貪婪無度，妄圖滿足更多欲望時，就會置基本常識於不顧，從而造成很多難題。

位置既已選定，下面將討論朝向即坐向的問題。風水上認爲，如果長時間處於某一個方位，會受到那個方位特有的某種力量的影響。儘管我們還不清楚這種力量到底是什麼，但可以斷定地磁力是其中之一，因爲在某一朝向可通過磁力或氣與土地相互融通，所以感氣是頭等大事。一旦選定位置，如果碰到選擇朝向的問題，大可不必勞心費神地去研究什麼二十四方位吉凶法。

實學者星湖李瀷⑲早就指出，因爲術書中沒有說明風水坐向的意義，自己便去詢問術數家，他們也無言以答。那時的術數家尚且如此，對現在的風水師更不可抱有太大的期望。重要的是用心審氣，面朝同氣相感之處，其後爲坐，其前爲向。也就是說，在那裏停留一些時間，用心選擇地氣與該方位的氣、人自身的氣融爲一體的方向即可。

當代最高水準的術士也只能說明選取朝向的技術，不能解釋其意義，如果有人唯讀一點選擇朝向的文章，在毫無把握的情況下生搬硬套，是極其危險的。因此，筆者奉勸大家最好還是憑氣感來選擇朝向。

5. 積德即明堂

《心經》上說，茫茫天地，俯仰無限。人不過微末之軀，如巨廩中一稗。卻以天地人三才之一而存在，皆因心在。自古何人無此心，然若心爲身所役，則淪爲禽獸。乘本心懈怠之際，耳目、手足、動靜之欲乘虛而入，則爲心之病。以肉身之欲而攻一心之弱。嗚呼，其所剩者無幾。君子竭誠盡力，善思善敬，心泰然而身遵命。我們就應該以這種心境來決定朝向。

人們審視方方面面之後選擇了棲身之所，卻仍不安心，不知足，儘管知道土地發福晚的道理，卻不肯順應，反而急不可耐，所以才會爲尋找更好的地方而遷墳。人們最終能找到什麼嗎？《人子須知》裏說得明白，若移葬不順，則愈遷愈悖，此非地誤人，而是心誤人。

風水學至高無上的經典《青烏經》雖然允許移葬，卻最大限度地加以限制。它強調說，地有五不禪，可以改葬，否則絕對禁止遷墳。

《青烏經》中所說的五不禪可能就是五不祥，是指墓地自然損壞的幾種情況，如墳地上草木乾枯，家中盛行淫亂之風，有人早夭或孀寡，兒女癲狂、不孝，刑傷或疫病纏身，子孫斷絕，家產耗盡，官災不斷，等等。書中告誡人們，除這幾種情況外不要遷墳，即除非經受了常人無法承受的重大變故，否則絕對不要在墳墓上花費心思，這並非孝道。

但是，鑒於一些實際問題，程子允許將位於道路、城郭、溝渠、水田或可能遭到權貴掠奪之處的墳墓遷走。

有人會問，人只需順應天意，何必還需要風水呢？正如古人所言，修德可矣，擇地術何用？如能修德而待天，擇地而並行人道，則非悖逆，乃仁人孝子之心也。

我當然同意這一觀點，但誰能保證自己的一言一行都合乎天道呢？人無完人，這是風水存在的基礎。

張子徽在《玉髓眞經》裏也指出，帝王之興，在德不在力，帝王之守，在道不在地。

因此，風水師學習了風水後，也時常陷於左右爲難的處境。玉龍子道詵周遊四方時，母親過世。埋葬母親之後，他感歎道：

七旬老母病患重，
即日返鄉遭不幸。
痛遭天崩地裂痛，
選定飛鳳抱卵形，
石中土穴世代傳。

不料天憎鬼作害，
不及三年遭破傷，
運數如此無奈何。
吾友若欲得吉地，
謹記所學皆無用，
唯應順天積德行。

他坦言，不管風水師有多麼出衆的才華，勘看風水的技術已經爐火純青，依然謀事在人，成事在天。

此外，他還告誡後代風水師：

回首一生無積惡，
生來爲何運數薄？
煩悶無處去問詢。
此理只在福與禍，
孔聖誤用墓地亡，
惡瞽墳吉亦得舜。

求亦難來舍亦難，
吉凶禍福須小心。
自心所病唯有私，
世人細聽吾之言。
爲親求山忘富貴，
不動虛念求身安，
春夏秋冬竭全力，
無時無刻不盡心。
渴飲水，饑進餐，
此事雖然皆可爲，
求山決心卻難下。
吾知近來人之心，
冷嘲熱諷積功人，
財物豈動鐵心腸？
誠意怎會爲財毀？
天生何分賢與愚？

物欲血氣最害人，
一步行錯招滅門。
近來地師不識字，
怎知龍穴砂水論？
自誇識穴獲千金，
號稱葬地永安全。
無辜白骨最堪憐，
水火廉貞不能避，
墓主子孫怎平安？

他諄諄告誡說，如果被財物蒙蔽了眼睛，被貪念糊住了心靈，就會失去感知氣的能力。

今天的風水師們也應永遠銘記在心。

第二節 韓國風水思想的歷史演變

1. 爲什麼要研究風水的歷史

學術界正式開始研究風水思想還不到十年，但是地理學、園林學、建築學、歷史、哲學、環境科學、韓國文學、民俗學等各個領域的研究已碩果累累。暫且不談該如何評價這些研究成果，單說其數量之多，已足以讓這些專業的研究者問心無愧。

一般人對風水的認識還停留在用來挑選墓地的層次上，的確令人憂慮。不過，有些人已經認識到它是我們先人的智慧，是韓國傳統的地理思想，這一觀點正逐漸得到廣泛的承認。

因此，本書首先歸納一下風水思想的演變過程，並確定它與地理學的關係。當代的風水已完全忘卻了自己的本質，淪爲一種個人或家族的自私信仰，這一傾向必須要得到導正，這也是本書的深層含義。

目前，韓國風水思想的焦點問題大體上可以概括爲以下幾種：第一，風水思想確實是韓民族的智慧，還是一種無用的迷信？第二，如果我們承認它是民族的智慧，它的思想性在哪裏？第三，風水中關於土地的幾種觀點現在是否仍然有效？從性質上來看，探討這個問題時應與風水的思想性結合起來。具體地說，即便證明它是優秀的民族智慧，認爲應該無條件將風水復原的觀點仍然沒有說服力。

對於以上三個問題，學術界與公衆的觀點在某些方面一致，在某些方面則完全相反。大概來說，大家一致認爲，風水是韓民族流傳下來的傳統地理觀，蘊含著祖先的智慧，某些內容現在仍值得借鑒。二者不同的是，一般人的興趣幾乎都集中在選擇墓地的陰宅風水上，學術界的興趣則主要表現在選擇城址或村址的陽基風水上。

儘管學術界對風水的興趣空前高漲，後續研究卻如鳳毛麟角，研究人員的水平還停留在起點上，而且大部份研究主要針對某個具體村落，屬於典型的事例研究，而對風水歷史變遷的綜合性研究至今尚未進行。此外，研究風水的學術領域也呈多樣化的趨勢，以致要確認它屬於地理學的領域，必須得首先弄清它與地理學有何關聯。僅從研究數量上來看，我們也會發現其他專業的論文比地理學方面的要多得多。

鑒於以上問題，本書將對以下內容進行歸納和說明：

第一，概括、歸納幾種關於韓國風水起源的學說，並闡明筆者的觀點，不過這並不意味著本書要集中分析風水的起源。

第二，嘗試對韓國風水史劃分時代，雖然這僅是一種嘗試，但意義重大。因爲據筆者推測，風水的歷史與王朝的時代劃分不同，它通常在舊王朝的末期與新王朝的初期形成一個共同的時代，筆者認爲這一點將對韓國地理學史的時代劃分有所啓發。

第三，按時代整理其間特有的風水思想、風水制度、風水事件、風水師等。

第四，在這一過程中，探討風水思想是封建統治階級的裝飾品，還是民衆尋求幸福生活的革命思想。

第五，研究是否應該把風水地理中的風水與地理分開來認識。

最後，考察自古以來風水思想與地理學有何關聯，但不將其作爲一個獨立的條目，而是融入整篇文章進行探討。

2. 論風水的起源

風水源於何時、何地？由何人以何種形式創立？要解答這些問題，從理論上來說，首先必須給風水下個定義，因爲定義不同，對起源的解釋也不同。然而，風水的定義像風水的起源一樣，衆說紛紜，所以，這樣做實際上無益於風水的起源研究。問題是風水的起源是從開始使用這個詞語還是從風水的本質即感受地氣開始算起呢？筆者同意後一種觀點。那麼問題又演變成如何弄清感受到地氣的事實，這一問題留待以後再談，我們先來考察一下學者們關於風水起源的不同觀點。

首先，有人認爲風水起源於韓國，這種觀點非常少見。朴時翼[20]曾提出來一種極端的見解，他認爲，從地形結構上來看，韓半島山嶽衆多，從舊石器時代起，崇拜山嶽與山神的思想就流傳了下來。這一思想以韓半島爲中心，形成了獨特的支石墓文化。他認爲，韓國的風水思想自然形成於山嶽地區的地理環境條件、山嶽崇拜思想、地母思想、靈魂不滅思想及三神五帝思想之中，檀君㉑選定神市、王儉㉒建設符都、支石墓位址的選擇以及新羅脫解王的半月城選址等，都是韓國古代風水思想直接影響到建築的實例。

他還認爲，陰陽五行說思想來源於三神五帝思想，三神五帝思想是風水地理學說形成的源頭。到了新羅末期，隨著與中國的文化交流活躍起來，風水得以進一步發展。這就是他的主要見解。

與其類似，朴容淑㉓提出風水形成於古朝鮮時代，他對《三國遺事》中的〈檀君神話〉做了注釋，提出風水自發形成的觀點。他的結論是，韓國古代民族的名稱東夷含有天文、風水地理、幾何、歌者的意思。

金得晃也認爲風水思想是韓民族內部自發形成的地理思想，但延後了以上二人所說的時期。他首先對風水下了定義：風水也被稱爲地理或堪輿，是一種認爲上至國土或國都，下至個人住宅、墳墓，一切建築所處的山川地形決定吉凶禍福的地理觀。風水認爲土地具有化育萬物的生命力，所以土地的活力對國家、國土、人生產生重大影響。接著，他談到了風水起源的問題，內容如下：

風水學說是在陰陽八卦和五行生氣觀的基礎上形成、發展起來的一門學問，如果要尋其起源，大概要追溯到中國的上古時代。不過在唐朝風水學說傳入之前，韓國已經形成風水學說。在上古時代，韓民族為了適應陸地生活，必須考慮選擇適宜的地方，選擇住宅時必須考慮山水的形態，選定國都時必須考慮攻守地勢，這些選址的方法逐漸發展為一種抽象而專業的相地術。

爲了證明這種論點，他列舉了以下的文獻記載：一是根據記載，百濟始祖溫祖王率領烏幹、馬黎等十人登上漢山的負兒山嶽察看地勢，發現江南之地北依漢山，雄據高岳，南望如澤，西臨大海，佔盡天險地利，遂將其定爲國都。二是根據記載，高句麗的琉璃王㉔認爲尉那岩城山川險峻，土地肥沃，於是遷都到那裏。金得晃認爲，在上古時代，人們已經開始信奉這種類似風水學說的思想，到了新羅末期，學術性風水學說從唐朝傳入並迅速傳播開來。

令人奇怪而且不快的是，現代專業風水著作都認爲風水源於中國是既成事實，並完全接受了這一說法。

另一方面，研究風水的歷史學者和民俗學者也都舉出史實，說明風水來自中國，他們的不同之處只在於傳入時期是三國時期還是新羅統一後等時間問題上。

李丙燾是主張風水在新羅統一後傳入韓國的代表人物，他說韓國原本就有處處明堂之稱，風水寶地數不勝數，這種自然環境成爲後來風水思想盛行並造成弊端的重要原因。他認爲，新羅統一之前的三國時代沒有接受風水思想及術法的痕跡。

崔柄憲的看法卻與之相反。他認爲，繪有四神壁畫的平安南道龍岡郡梅山里、新德里眞池洞的高句麗古墳、忠淸南道扶餘郡陵山裏墳墓周圍的山勢，確實符合風水地理所說的條件，可以推測是根據風水選定的位置，特別是百濟，當時似乎流行過有關風水地理的書籍。據說，武王三年，三論宗僧侶觀勒攜帶曆法、遁甲方術類書籍及天文地理書籍前往日本，成爲那裏的僧正。觀勒帶走的地理書籍具體到底是些什麼書，現在已無從知曉，但崔柄憲斷定那是當時百濟流行的風水地理類書籍，他認爲三國時代風水地理學說已經傳入韓國。

與此相似的觀點還很多，我們再考察一下金光彥㉕的見解。他根據《三國遺事》的記載，推測三國初期風水思想已經廣泛傳播。據記載，新羅第四代王脫解王登基之前，曾登上土含山，俯視四周，發現胡公的宅基是呈上弦月形的吉地，就偷偷在他家院裏埋下木炭，然後告到官府，謊稱自己的祖先過去在那裏開鐵匠鋪，中年時家宅被人搶走，這樣霸佔了那處宅地。這是個風水學的傳說，認爲上弦月會日漸變大、變圓，住在那裏的人會越來越成功，脫解最後能成王，都是居住在上弦月形宅地上的結果。

他還舉例說，新羅的首都是半月城，百濟的首都扶蘇山城也叫半月城，原因即在於此。此外，《三國遺事》〈天龍寺〉條中記載雞林㉖境內有兩條客水、一條逆水，它們的發源地天龍寺使它們和諧相處，因而成爲護佑國運的裨補寺刹。

但筆者認爲，這些例子不能成爲證明風水來自中國的有力證據。首先因爲四神壁畫的概念在風水之前的陰陽方位論中已經得到廣泛應用，其次上弦月地形和裨補寺刹也是韓國傳統風水的典型，並不能證明是來源於中國，這些傳說反倒證明韓國擁有傳統風水。

特別是如果一口咬定古墳壁畫中的四神圖是風水地理思想的產物，就混淆了風水地理思想與四神思想、天文方位思想，儘管風水中也有四神的概念，但在漢、魏和六朝時期，只不過作爲繪畫和工藝的基本內容用於墳墓的裝飾而已，當然，此後它也含有了守護各個方位的象徵意義，但由於將風水的本質——地氣論完全排除在外，因而不能成爲風水的證據。

因此，筆者推測，傳統風水地理在韓國早已存在，只是理論化的風水從中國傳入百濟和高句麗之後，它才逐漸廣爲人知。在新羅統一三國之後，它也傳到了新羅，在整個韓半島廣泛傳播。筆者之所以認爲新羅風水形成較晚，是因爲唯獨新羅的王陵位址與風水上的地氣無關。筆者認爲，在新羅統一時期，韓國的傳統風水與來自中國的理論化風水實現了相互融合。

3.羅末麗初㉗的風水思想

儘管風水的起源模糊不清，但韓國風水在新羅末期正式登上歷史舞臺似乎是不爭的事實，那麼我們先來探討一下這一時期風水爲何變得如此重要，並整理一下有韓國風水鼻祖之稱的道詵國師的一些事蹟。關於這個問題，崔柄憲㉘發表的論文非常精彩，本文謹摘錄、引用如下：

新羅末期，在佛教方面，僧侶們大多接受了禪宗，它作爲一種思想體系被用於克服華嚴宗的缺陷，而且將佛教與老莊思想相容並蓄，成爲當時的主流；在另一方面，以儒學者自居的人們也自然而然地將儒學與佛教、老莊思想結合起來。這一系列的思想綜合化正是由中間階層——六頭品階層和地方豪族推動的，他們反對中央眞骨貴族的壟斷統治體系及其古代的思考方式，從而使這場思想運動帶有克服以首都慶州爲中心、以眞骨貴族爲中心的新羅古代文化的性質。

然而，禪宗的形成不僅僅因爲當時唐朝盛行禪宗，而是新羅佛教主動意識到了自身的水平及面臨的矛盾，試圖從禪宗裏找到解決方案。道詵就是在對當時佛教界的矛盾感到困惑的情況下得到了九山禪門之一惠哲的認可。

另一方面，禪宗與風水在認識方法上有相同之處，即它們都不是分析性的，而是直觀的，而且在修行方法上也要經過類似的過程。當時大部份僧侶在最初幾年都學習了華嚴經等佛經，然後改信禪宗，爲尋求禪宗的善知識重新修煉，多年後經先師認可，其禪僧的身分才得到承認。此後，他們必須離開先師，去探訪全國各地的名勝，尋找多種善知識，通過苦行和禪問答進行修煉，這一過程一般需要持續十多年。風水師的修習過程是先學習幾種有關風水的書籍，然後接受前輩風水師的實際指導。因此，風水師也相當重視師承關係，這與禪僧相同。然後，便是『踏山』，即遊歷全國各地的山川，比較、體會理論與實際是否相符。經過這一過程，才能獲得風水師的資格，從開始學習到成爲風水師至少需要十多年。

通過以上對崔柄憲的論文和論文中提及的文獻進行具體考察，筆者提出了一個推論，儘管尚處於假設階段，但筆者相信，如果這一假設得到證實，將對韓國地理學史的時代劃分提供重要的依據。筆者的推論如下：

筆者認爲，新羅末期風水思想在傳入、紮根及發展過程中成爲革命和建國的思想基礎。如前所述，在九世紀初新羅開始走向衰敗時，風水正式登上韓國的歷史舞臺。當時新羅的統治思想是教宗，因爲它基本依賴佛教經典，所以將目不識丁的民衆排除在外。當然，此外主張通過反覆唸誦佛號超度的佛教也並非完全沒有，但我們無法期待那種程度的信仰能作爲一種進步的理念，以掙脫新羅末期墮落的現實，開啓新世界的大門。另外，王朝末期統治階層的暴政與腐敗也進一步激發了民衆要求改革的願望。

恰在此時，禪宗從中國傳入並開始傳播，其中包含著反對統治理念的意味。禪宗主張以心傳心、頓悟、不立文字地向衆生傳播佛教，而且蘊含著人人皆有佛性的平等思想，因而當時它能夠迅速地紮根於民衆的心中。

禪僧坐禪的根本目的是爲了見性，在坐禪的過程中，他們領悟到與吐納法相似的運氣法，在無念無想的境界中，對天地之氣的感知自然也會加深。因此，他們自然而然地領悟到風水之術，逐步確立了風水理論。中國的一行禪師和韓國的道詵禪師就是典型的例子。此外，作爲一種認識體系，風水必然帶有不重視家族勢力、主張人性決定命運等因素，反對不平等的身分制度，因而當時成爲一種民衆易於接受的思想。

禪僧們憑藉自身修煉和教化衆生之便，走遍全國各地，不僅增加了地理見聞，甚至從政治地理學的角度，提出新羅首都慶州偏於國家東南方。這些都被夢想著以中部地區爲根據地發動革命與改革的豪傑所接受，王建最終建立了高麗王朝，至此禪宗和風水上升爲統治理念[29]。當時，風水的內容也非常健康，明確表現出初期風水的地理學性質。它最初被應用於寺院選址上，後來逐漸擴大爲王宮選址、統治階層宅第選址等陽宅風水，到了後三國時期，則發展爲代表性的地理學理論，被廣泛應用於首都以及村莊、城鎮等的選址上。

高麗建國初期，風水得以繼續健康發展。首先，這通過太祖王建的《訓要十條》第二條中的部份內容，可略見一斑。關於《訓要十條》是否確實是太祖遺訓目前尙有爭議，本書暫且不談其眞僞，因爲即使是僞作，它也在一定程度上反映出高麗初期的風水思想。那部份內容說：一切寺院都由道詵先審察山水順逆後修建。道詵曾說，如果在自己選定的地方以外亂建寺院，就會損傷地德，國運不能長久。因此，太祖擔心日後國王、公侯、后妃、朝臣等爲還願而亂建或者擴建祠堂，會損傷國運。新羅末期就是因爲濫建寺院，損壞了地德，招致國家滅亡，後人要引以爲戒。㉚

民間大多認爲上述內容屬於風水裨補學說，並單純地認爲這是高麗王室爲了宣揚風水思想，因爲風水是保障其自身正統性的統治理念。但是，如果細心觀察，我們可以發現，其中隱含著巧妙的政治手腕和國家管理上的深層含義，絕對不可小覷。

高麗王朝並非是完全依靠武力建國的，它幾乎是靠與衆多地方豪族的聯姻、利誘等外交手段建立的，所以，從某個角度來說，它的政治體制非常脆弱。王建沒有誅殺舊王朝的末代君主敬順王，反而予以優待，歸根結柢，是爲保護自己脆弱的政權所採取的策略。此外，他還通過佛教宣揚非唯武力至上的思想，而且他還利用風水思想，把曾是豪族經濟、軍事據點的寺院納入中央政府的控制之下。

如果在沒有任何思想背景的情況下，強行禁止寺院的新建、擴建和改建，肯定會招致地方豪族的強烈反對，而僅憑脆弱的權力對此進行鎭壓是不現實的，所以王建利用了風水。

當時，幾乎所有人都信奉並遵循風水思想，如果根據這一思想說明離開一定的地點建立寺院會損壞地德，所以必須禁止，誰還能反對呢？這不能不說是巧妙的政治手腕。筆者之所以說其中還隱含著管理國家的智慧，需要從自然地理學的角度做出具體解釋，那就是在可能發生自然災害的地方建立寺院，僧侶們就成了在那裏長駐的人員，從勞動力供應的角度考慮也是有利的，此外，他們還可以執行隨時監測的任務，可謂一舉兩得。

其次，儘管筆者無暇一一列舉當時的風水師，但大體而言，那時似乎還沒有出現專門從事風水業的人物。最初主要是禪僧在修行宗教的同時修習風水，此後逐漸擴散到貴族統治階層和普通知識份子中間，但他們也未達到可稱爲專業風水師的程度，而且從文獻記錄來看，其中一些人還曾作爲戰略家活躍在各地豪族之間。

據說，百濟武王三年（602年），觀勒把曆書和天文地理書籍帶到日本，成爲僧正。假如他帶走的天文地理書籍是風水地理書籍，那他就是最早的有記載的風水師，但這無法確定。

據說義湘大師（625~702年）在中國留學期間鑽研過讖緯學，回國後撰寫了《山水秘記》，對後來朝鮮王朝選定首都提供了幫助㉛。但筆者認爲這不可信，義湘大師可能只學習了一些風水的基礎知識。

在這一時代，第一位同時也是最高水準的風水師是道詵，這一點無可爭議。有筆者及其他人有關道詵的研究論文㉜為證，在此省略。

金庾信㉝的曾孫金岩赴唐學習陰陽家法，回國後成為司天博士。他不僅在唐朝著述了遁甲立成法，而且精通方術、兵法，似乎也具備風水地理方面的知識，但沒有確鑿的證據。

新羅的監幹八元㉞為王建的第五代祖康忠選定了宅址，因此後來被記載為高麗建國的奠基人㉟，雖然這也不可信，但足以證明當時風水地理已經相當普及。

此外，當時代表性的風水學師還有據說擔任王建風水顧問的道詵的弟子慶甫㊱、精通天文地理和占卜的崔知夢㊲、精通風水地理且作為王建的戰略家十分活躍的賓壤㊳等。

4. 高麗時代的風水思想

高麗把風水地理學說奉為統治理念，當然信奉風水，談論高麗時代的風水，實際上需要不厭其煩地講述整個高麗史，這方面李丙燾已有高水準的著述，在此不再贅述，本書只介紹一下幾件重要的事實和有特色的風水思潮。

如前所述，到高麗初期為止，積極的潮流曾風靡一時。但是，從政權的角度來看，太祖王建的統一只意味著對立政權的滅亡，而地方割據勢力仍維持著與後三國的混亂時期毫無二致的半獨立狀態。太祖在與他們的聯合和妥協中維護著自己的政權，通過與眾多豪族的聯姻，有時還通過賜予他們王族的姓氏，象徵性地結成家族關係，來鞏固這一聯合陣線。

儘管太祖採取了種種策略，但衆多豪族的存在仍是他的心腹大患，因此，他頒佈了《訓要十條》，打著風水的幌子鞏固王權。

然而，由於王規之亂㊴等叛亂不斷發生，國王的權力始終未能得到確立。平定王規之亂後，定宗㊵繼位，爲鞏固脆弱的王權，他曾計畫遷都西京，其中太祖《訓要十條》中提倡風水地理學說也發揮了一定的作用。不過筆者認爲，根本原因是定宗內心渴望借此突破開國功臣形成的以開京爲中心的重重包圍。無論如何，直到光宗㊶改革，高麗王權的安定才看到了曙光㊷，也正是從這時起，風水思想開始墮落。

流水不腐，戶樞不蠹，這是自然法則，也是人類歷史的發展規律。禪宗和風水思想在高麗建國之後逐漸走向墮落，其間禪宗也曾短期復興，如定慧結社㊸等，但此後僧人們的品行墮落，禪宗日益衰敗。風水也是如此，喪失了高麗建國初期要求粉碎身分制度、重新分配土地等積極的一面，演變成爲王室和貴族的繁盛而選址的雜術。其中，最重要的事件大概要數多次提出的遷都西京運動了。

自高麗初期起，就不斷有人提出遷都西京，其中仁宗㊹朝妙淸之亂㊺時的遷都西京計畫最具代表性。

西京平壤作爲韓半島西北部的要塞，具有依山靠水的自然特徵，有『關西地區第一重鎮』和『朝鮮第一江山』之稱，它東面和南面臨大同江，北面的錦繡山風光秀麗，以其爲主山，各個支脈分向左右。

其中白虎從乙密台向西南延伸，過七星門，到萬壽台，從那裏分出一個小支脈，坐擁長樂宮等明堂吉地，再轉向南，東西橫亙瑞氣山、倉光山。青龍從乙密台下直奔南方，到長慶門址附近爲止，與白虎相互配合，像兩隻臂膀懷抱著龍堰宮址、觀風殿址等明堂。由於青龍短促，白虎迂迴綿延，平壤的地形呈順時針旋轉之勢，與大同江流向相逆，因此明堂的水全部順時針流出，注入大同江。

根據風水的說法，開城屬於群山環抱的藏風地形，平壤則是面臨一條大河——大同江的得水地形，因此平壤也被稱爲行舟形，而得水地形具有的普遍缺點是容易發洪水。所以，用高麗時代的眼光來衡量，當時平壤仍不適合作首都。

由於此前的三國都是地方割據國家，這一性質決定了三個國家都不能佔據韓半島的中心。當然，百濟初期的首都就在現在的漢城附近，不過儘管它位於中部，卻易攻難守，無論是從百濟的國力、當時的戰術，還是兵器的水平來說，它都是很難防禦的地方。衆所周知，後來的新羅則因爲首都慶州過分偏於東南方，未能成功地統治整個疆域，於是不得不忍受連年的戰亂和地方豪族的跋扈。

其後的高麗王朝成功地定都於中部的開城，從理論上完全依據的是風水思想，同時，這一決定本身也極爲現實，表現出風水微妙的兩面性。開城是典型的藏風地形，所謂藏風地形，是指被主山和左右兩側的青龍、白虎及南方被稱爲朱雀砂的山峰嚴密地包圍起來，形成山間盆地的地形，所以易守難攻。只是由於明堂的面積小，水和燃料不足，進一步的發展受到限制。不過，考慮到當時的政治、經濟、社會背景，我們必須承認，這種地形優於遼闊的平野或海濱。

但是，問題並沒有因此得到根本解決，此後遷都的建議被多次提出，候選地有平壤、漢陽、延白、長湍等很多地方，有些還曾被納入具體的計畫，最終卻未能付諸實施。這給了我們一個重要的啓示：風水思想認爲遷都意味著王朝的終結，因此成功的遷都必須以一個王朝的滅亡爲前提，這一深層的觀點作爲地德衰旺學說流傳下來，成爲高麗風水的一大特點。所謂地德衰旺學說，是指地氣經過一段時間就會衰亡，再過一段時間，衰落的氣又會復生。

開城的地氣衰敗了，所以要遷都，這一說法中存在一個無法迴避的弱點，即開城地氣衰敗，前提自然是王氏的高麗王朝衰敗了，而要靠遷都解決這一問題，就如移樹不移根，換湯不換藥。

高麗時代，西京平壤和南京漢陽是最熱門的首都候選地，它們都具有得水地形的特點。所謂得水，是指從地勢上來看，明堂的三面或兩面受到山的保護，一面一定要臨著一條河。大概當時的人們認爲得水地形可以彌補藏風地形的缺陷，大可以取替前者。

妙清之亂爆發時，高麗內外交困，在外部，金國滅了遼和宋，正對高麗虎視眈眈，內部則有李自謙、拓俊京等權臣飛揚跋扈，天災人禍接連不斷，人心惶惶，似乎末世來臨。因此，術數家迎來了千載難逢的好機會，得以縱橫馳騁。但是，他們不承認王朝本身的局限性，沒有接受下層民衆的迫切要求，擔起領導革命的風險，而是對風水的地氣衰旺說巧妙地加以粉飾，曲意逢迎，卑劣地上奏遷都。

因此，王室命脈雖然得以維持，但只不過是一種名分，高麗王室的權力實際上已經被剝奪殆盡，其中一切損害都由百姓承受。這時，風水中眞正反對統治理念的思想開始萌芽，產生了徹底的平等思想，它認爲王公貴族並非與生俱來，只要積德，人人都能得到地氣，成爲王公貴族。本章的下一節將對此專門進行探討，現在再來考察一下妙清。

如前所述，仁宗時期的高麗正值內憂外患，國家面臨著危機，但人們沒有努力尋找合理的方法去解決，而是明顯地傾向於依靠陰陽學說、風水地理學說、圖讖說等秘術之類。應該注意的是，妙清的西京遷都運動在很大程度上得益於這種國內外局勢。當然，我們不能說他們使用術數並非全無解決問題的良好願望，但與開國之初積極運用風水地理的態度相比，已明顯帶有消極防禦的性質。因此，筆者認爲這正是風水的墮落。

早在太祖二十六年（943年），西京平壤被認爲在風水地理上可以確保千秋大業，因此被指定爲國王必須巡駐之地㊻。到了定宗二年（947年），它甚至被定爲遷都之地，並開始動工修建宮殿。光宗十一年（959年），開京被尊稱爲皇都，同時平壤改稱西都。成宗十四年（994年），恢復西京的稱呼。穆宗元年（997年），又模仿周朝的古制，將其改稱爲鎬京，這一行政區劃的改編繼續承認了西京的重要性。文宗十六年（1072年），除保留西京留守官之外，又特別設立了以西京爲中心的京畿西道，在高麗王室的思想意識中，平壤的地位已經與首都無異，歷代國王多次移駕巡駐。

仁宗六年（1127年），妙清等向國王上奏說：據臣等所見，西京林原驛正是陰陽家所謂的大花勢寶地，如能在那裏修建宮闕，我王居住，必能一統天下，金國也會不備幣帛來降，三十六國都會臣服。這一上奏意味著遷都運動的開始。

據李丙燾研究，林原驛的位置如下：據《與地勝覽》〈平壤府古跡〉所載，大花（或『華』）宮『遺基在府北三十裏』。《朝鮮古跡圖譜》第六冊指出，大花宮在大同郡釜山面南宮里附近，舊名爲新宮洞。此外，日本的池內根據實地考察的結果，撰寫了題爲『大花宮』與所謂倭城的文章，更強調了這一點。他稱自己此前曾多次探察此地，從與平壤的距離等來看，除釜山面新宮洞內的遺址以外，確實找不到其他合適作大花宮址的地方。李丙燾認爲，正如日本人所言，所謂新宮洞的名稱是從仁宗時代傳下來的稱呼。對此，筆者並無其他證據。

此外，所謂大花勢，也稱爲大華勢，需要做一些解釋。這是用花來比喻大明堂，把明堂所在地與花勢或者花穴相比，這種思維方式把不能移動的土地比作同樣不能移動的植物，而不是動物，特別是用果實的主體——花的形態作比喻，可以使人們更好地認識地形。

不過大花勢是指明堂形態相當廣闊的山間盆地，因此除了地勢低平之外，作爲一國之都，難免也有缺點。因爲花的中間幾乎就是田野的中央，作爲人口聚居地，會有一些不利之處。儘管如此，妙淸認爲打著恢復北方故土的旗號，至少不會遭到批判。

此外，朝鮮時代還多次討論過遷都，但基本上都是出於私心或私利的目的——爲消極地延長王朝的生命，因此筆者認爲不值得深入進行探討。

妙淸之亂使西京遭受到沉重的打擊，具體來說，文宗時代設置的西京畿四道行政區解體，成爲江東、江西、中和、順和、三登、三和等六個縣。另外，在三京當中，西京幾乎完全喪失了國王巡駐地的地位，從此以後，它受盡屈辱，成爲人們忌諱談論的對象。

風水思想的墮落也表現在陰宅風水的普及上，這在《高麗史》〈刑法禁令〉條中得到集中體現。根據這一條規定，如果偷偷埋葬在他人的耕地上，笞打（用竹片打屁股的刑罰）五十，如果偷葬在別人的墓地裏，棍杖（用棍子打屁股的刑罰）六十，如果偷耕他人的墓地，棍杖一百，如果損壞墳墓，處徒刑一年。

此外，還規定對亂砍他人墳墓上的樹木或對親屬的先塋做出同樣行爲者進行處罰等等，如果陰宅風水沒有普及，這些內容不可能出現，由此可見，陰宅風水已經得到廣泛傳播。除此之外，李自謙㊼認爲契丹軍隊入侵是因爲王陵旁邊的土地被用作了墓地，所以提出遷墳，派術士選地㊽。這些記錄都證明了這一點，另外，至今還保留著很多關於陰宅風水的記錄。

《堿》、《灸》、《脈經》甚至《明堂經》、《新集地理經》、《地理決經》、《地鏡經》等各種風水地理書籍出現在科舉考試中，也充分證明風水得到了普及。但是，如上述書目所示，《青烏經》、《錦囊經》、《地理新法》、《雪心賦》等書不在其中，這似乎說明那時掌握著主導權的是韓國傳統的風水地理，而不是中國的風水地理。

當時的風水師大部份出身僧侶，這是一個特點。妙淸及惠宗時期負責給法鏡大師選址的聰訓㊾、勸恭湣王遷都漢陽建設宮殿的普雨、在恭湣王時代提出『辰巳年聖人出』的讖語並主張遷都忠州、巡駐三蘇的辛旽都是僧侶。

儘管如此，風水也並非全部由僧侶壟斷，因爲從中國傳入的風水書籍用漢文記錄，除學習佛經的僧侶之外，當時的專業風水師大多屬於儒學者等知識份子階層，《高麗史》、《高麗史節要》等的記錄也印證了這一點。

無論是僧侶，還是其他階層的知識份子，似乎都沒有單純地接受中國的風水，而是爲建立韓國的風水付出了努力。他們撰寫了韓國的風水書籍，其中有顯宗時期的《三韓會土記》、文宗時期的《松嶽明堂記》、肅宗時期出現的《道詵記》、《道詵踏山歌》、《三角山明堂記》、《神志秘詞》和睿宗時期的《海東秘錄》、忠烈王時代的《道詵密記》、恭湣王時代的《玉龍記》等。這些到底是眞籍，還是後人盜用高麗時代著名風水大師之名的僞作尚不明確，但無論如何，這些著作是韓國傳統風水與中國理論風水結合的產物，非常引人矚目。但遺憾的是，它們幾乎都未能流傳到今天，因此其內容已無從知曉，部份尚存的書籍也是眞假難辨。儘管如此，筆者還是嘗試對《道詵踏山歌》和《玉龍子游世秘錄》做了注釋。

5. 麗末鮮初的風水思想

到高麗末期，風水在另一種意義上再次發揮了反對統治理念的作用，接受了地氣衰旺學說。當時盛行一種說法，認爲開城地氣已盡，王氣正興於其他地方，風水就爲這種說法提供了理論基礎。由於統治階級腐敗、無能，權貴爭權奪利，民衆滿懷著對新世界和新時代的憧憬。風水爲李成桂的易姓革命提供了理論基礎，對當時首都的選定以及都城、宮闕的修建、各個城市行政體制的調整發揮了積極的作用。

至於高麗末期造成新興勢力抬頭的政治、經濟、社會環境，以及當時漢陽如何戰勝其他地區最終眞正作爲首都正式登上歷史舞臺，筆者已經在其他文章中進行整理，在此只做一個概述。

漢陽位於韓半島的中心地區，自古以來其戰略、政治和經濟的重要性一直得到重視，因此，它如果成爲首都，反倒會成爲一處險地。除了百濟初期極短的一段時間以外，漢城未曾做過首都。《道詵密記》中記載，開國一百六十年後應遷都木覓壤，根據這一記載，高麗文宗[50]二十一年（1067年），將當時稱爲楊州的漢陽升了一級，並改名爲南京，建起了新宮，從此漢陽開始登上歷史舞臺。

此後，遵照松都[51]地氣衰旺說，禑王和恭湣王都曾暫時移駕漢陽。如前所述，稱一個王朝的國都地氣已經衰敗，實際上是指這個王朝的氣數已盡，也可以解釋說這是百姓借風水地理表達推翻腐朽政權的願望。

《朝鮮王朝實錄》記載了遷都漢陽的過程。

太祖元年（1392年）八月，太祖向都評議使司[52]下達了遷都漢陽的命令，指示他們建造宮殿，但宮殿竣工時間一再延誤，後來酷寒來襲，造成工程中斷。

太祖二年正月，政堂文學[53]權仲和赴楊廣、慶尙、全羅道地區探察王室安放胎盤之地，回來後繪製了全羅道珍同縣的山水形勢圖和楊廣道的雞龍山都邑圖，獻給太祖。這引起了太祖的關注，他與王師無學[54]一起去現場勘查，然後著手建設首都。這時候，京畿道[55]都觀察使[56]河倫反對遷都雞龍山，因爲雞龍山違反宋朝胡舜申《地理新法》所載的水破長生、衰敗立至之說，爲弄清水破長生之說是否正確，太祖派人調查高麗歷代王室的吉凶，進行判斷，結果證明確實如此。這樣一來，胡舜申的說法得到了證實，那年臘月，修建新都的工程擱淺，太祖指派河倫選擇新的候選地。

太祖三年，河倫受命。經過深思熟慮，他推薦了母嶽（鞍山）南面的地方，但左侍中㊼趙浚和權仲和等十一人協同書雲觀官吏相看地形後，上奏反對，認爲那裏土地狹小，偏於國土一隅，不適合做都城。書雲觀員劉旱雨、李陽達等也表示了同樣的觀點，結果只能放棄，太祖下令物色新的首都候選地。同年六月，劉旱雨等推薦鍇店爲候選地。太祖派大臣實地勘察後，也得出了一個否定的結論。

就在同一個月，都評議使司推薦開城東面的佛日寺境內地區，但大家也認爲不合適。由於衆說紛紜，無法統一，太祖根據都評議使司的申請，下令設立了一個名爲陰陽冊定都監的臨時機構，命令權仲和、鄭道傳、成石璘、南誾、鄭摠、河倫等大臣與書雲觀官吏一起搜集所有的地理、圖讖書籍，參考它們愼重選擇新首都的位置。此外，同年八月，太祖親率諸臣探察了母嶽的地相，但由於判書雲觀事㊽尹莘達和書雲副正㊾劉旱雨等屢次指其不當，只得將其排除在熱門候選地之外。

太祖三年八月，太祖巡狩南京，尹莘達上奏說南京是韓國僅次於開京的寶地，缺點只是西北方低，水源不足。無學大師也說漢陽四周高，中央平坦，可築城爲都邑。其他大臣也表示了相同的見解，於是太祖決定定都漢陽。

關於漢陽的來龍去脈，李重煥㊿解釋得最好。他說，鹹鏡道延邊府鐵嶺的一脈綿延五、六百里，成爲楊州的幾座小山，從東北方傾斜繞入，高聳成道峰山的萬丈峰；從此再奔向西南，略作停頓之勢，又突兀而起，成爲三角山的白雲台；從這裏接著南下，成爲萬景台，另一個支脈南下成爲白嶽（即現在的北嶽山），此山就是風水師所說的沖天木星，是宮城的主山，東、南、西三方都有大江，西邊與大海的潮水相通，白嶽位於幾條河交匯的地方，爲全國山水精氣聚集之地。

需要指出的是，到了那個時代，韓半島的地理範圍擴大，首都的位置已經能夠擺脫開城或慶州那種內陸盆地地形，進入漢陽那樣的海岸平原地區了。

除國都之外，其他所有城市、包括普通村莊選址也完全遵循風水學說，這說明風水已成爲一種重要的地理思想。

所有的城鎮和鄉村都採取一種形式，即背靠主山或眞山，左右圍繞著被稱爲青龍、白虎的保護砂，前面有案山和朝山填補那一方向的空闊。

那時候，朝鮮王朝以儒教爲統治理念，風水與儒教的基本前提——孝思想結合在了一起，從某個方面來說，埋下了風水可能成爲自私信仰的種子。但是，自從世宗時代理論風水家們在漢城的主山位置應從相對偏僻的北嶽山移到成均館後山的爭論中失敗後，應禁止汚染明堂水清溪川的建議也遭到現實政治家的反對，被徹底挫敗，從此風水徹底走向墮落，淪爲對權貴的走卒，對他們阿諛奉承，忙於爲保障他們家族的繁盛而選地餬口。

世宗時期的主山之爭，即當時漢陽的主山是否確實是今天青瓦台後北嶽山的問題。所謂主山，是城市的一個地理標誌，不僅作爲空間感覺上的標誌，具有明顯的象徵意義，也對城市本身的空間結構有決定性的影響，可謂舉足輕重。衆所周知，如果以四大門內鍾路、中區一帶即舊漢陽城市區爲中心來看，今天的北嶽山其實偏向西北方。因此，這決定了漢城未能向東西南北四方均衡地發展，而是呈現出向西南方傾斜之勢。世宗時期，這引發了公認風水史上的一大事件。

世宗十五年，風水師崔揚善奏請說，景福宮北面的山（指主山北嶽山）不能成爲主山，登上木覓山（現在的南山），一望可知主山是承文院基地鄉校洞連脈，令人不解的是建造都城時卻不在此處建造宮殿，而選擇了白嶽山下。地理書上說，人家如能在主山之穴，子孫無法繁盛，因此如果不以現在白嶽山下的景福宮爲主宮，而將位於承文院所在地的昌德宮作主宮，定會利於萬世。[61]

簡單地說，由於王朝進入安定階段後產生的通病——現實的政治家們目光短淺，考慮到經濟原因、繁瑣等實際困難，對此表示反對，該提議最終未被採納。從今天的立場來看，如果當時克服困難，把主山移到今天的鍾路三街方向就好了。至此，在朝鮮王朝初期曾發揮過積極作用的風水已經走到窮途末路，所以這一建議被當成了癡人說夢。

此外，關於清溪川污染的問題也發生過爭論。有人上奏，自古以來明堂水應該保持清潔，但現在明堂水清溪川遭到污染，需要還它一片潔淨。可是，這也遭到現實主義者的抨擊。他們說，人活在實實在在的世界上，怎能指望用作污水排放之處的明堂水乾乾淨淨呢？這一提議也沒被採納。其根本原因同樣是因爲當時王權已經獲得了絕對的統治權，如果當時採納了這一建議，也許至今清溪川還很乾淨，但這最終化爲了泡影，風水開始了自私的墮落。

在這種情況下，朝鮮王朝初期對風水的重視一直沿用於科舉制度中。《開國大典》〈禮典〉條中規定，風水學由觀象監負責教育，學生從天文學中選二十名，命課學中選十名，地理學中選十五名，由一名地理學教授和一名訓導授課。當然，根據具體情況，這一制度有些變動，但總之，這說明王室對風水高度重視。

對此，李相泰已發表了一篇高水準的論文，指出從科舉考試科目中可以看出當時中國具有代表性的風水地理書籍已經全部傳入韓國傳播開來，《青烏經》、《錦囊經》等基本書籍自不必說，《胡舜申》、《明山論》、《疑龍經》、《地理門庭》等也在其中。

然而，到了成宗時期，國家體制確立起來，風水開始淪爲追求自身和家族富貴榮華的利己術法，其演變過程與高麗時期如出一轍。這一時期的著名風水師都被收錄於李相泰的上述論文之中，本書略去不談。

儘管時代不同，風水思想仍然具有積極、合理的一面，例如，它對首都的位置，即風水寶地漢陽是否眞正合適做首都提出質疑。

漢陽做首都並非完美無缺，因爲隨著世界變化，作爲首都的條件也在不斷變化。儘管漢城四周群山圍繞，坐落於大江之畔，但上被北漢山、道峰山脈攔堵，下有漢江閉鎖，從自然地理上說無法繼續擴展，總有一天發展會遇到限制。

另外，世界開始渴望國際交流，韓國逐漸向西海岸發展，需要一個更遼闊、更開放的首都，這同樣也是土地的法則、風水的發展趨勢。因此，到了光海君時期，有人提出了符合這一趨勢的遷都建議，這就是朝鮮王朝中期的交河遷都論，具體地說，有人提議把首都遷到今天的坡州郡交河面地界。

光海君壬子年九月，地理學者李懿信[62]奏請遷都，但承正院上奏說李懿信的奏章盡是怪異、虛妄之辭，稱國都地氣已衰、交河是吉地之語更是危言聳聽，望君王御覽後予以駁斥，以安定人心。

李懿信主張遷都交河，根據就是漢陽地氣衰敗說。他提出，壬辰倭亂這一史無前例的大戰亂爆發，逆賊叛亂也屢次發生，朝廷大臣拉幫結派，明爭暗鬥，各地的山野一片荒涼，等等，都說明漢陽的地氣已經衰敗。光海君對遷都論隱然有贊成之意，交付大臣們討論，卻遭到了反對。

當有人奏請懲處上奏奸佞之辭的李懿信時，光海君爲他開脫，衆所周知，歷代以來經常設兩個首都，周的洛邑受萬世景仰，但周也有鎬京和洛陽兩個首都，明朝時也曾有南京和北京兩個首都。李懿信不過是為國家著想，陳述國策，建議營造離宮。既然已被駁回，怎能再加以處罰呢？看來光海君對遷都交河仍有些戀戀不捨㊸。這個事件的本質是在那個海濱城市不能做首都的時代，有人提出了過於超前的風水理論，雖然一時得到了國王的信任，卻差一點葬送了性命。

這個事件雄辯地說明，天時未到，地利也不會來。用現在的眼光來看，筆者覺得如果在南北統一之後，這倒不失為一個好的定都之策，但我們不要忘記，當時不是二十世紀後半葉，而是十七世紀。

李恒福㊹對此的反駁如實地表現出卓越的理想主義者與現實的政治家之間的不同。針對李懿信提出的漢陽地氣衰敗說，李恆福從現實的角度進行了批評，指出國法馳廢，造成濫伐山林，李懿信卻不歸咎於紀綱的紊亂，只指責山野荒涼，難道不是冤枉了群山嗎？自己不明地理，只懂人間之事。生活中最上者積德、積福；其次服藥增壽；再其次聚斂財物，傳於後代；如此這般也無計可施，遭受病痛、災殃也百方無效，只得採用搬家躲避之策，心懷僥倖，四處遷徙，結果落得家什破碎，家境窮困。世人應以此為鑒。

對這番振振有詞的言論，誰又能反駁得了呢？不過需要注意的是，他並沒有提到國法和紀綱為何變得馳廢，現實政治家的局限大概就在於此。

6.實學家們的風水思想

大體來說，風水思想從成宗時期起開始徹底墮落，以後一路發展爲選擇墓地的陰宅風水，它的本質受到諸多置疑，弊端嚴重，甚至被稱爲亡國之病。風水的核心源於同氣感應說或親子感應說，其理論是去世的父母或祖先的遺骸如果在地下吸納生氣，就會將其傳到陽間的子孫後代身上，反過來如果接觸到戾氣，就會招致災禍。這一問題將在其他章節考察，在此筆者只整理一下其歷史發展趨勢。

不管怎麼說，這種亡國的陰宅風水最終遭到實學者的強烈批判，其實，說實學者們對陰宅風水的批判貫穿著朝鮮時代後期的風水歷史，並非言過其實。

在此筆者想先提出一個重要的假設，即實學者在有意無意之間從兩方面認識了風水地理中的風水和地理。

韓國人對地的看法從一開始就具有雙重性，其中之一是從合理、理性的角度出發，重視衣食住行中土地的經濟用途，筆者認爲這是風水地理中的地理⑮；另外一個注重土地的根本性質，認爲它是生命的源泉，哺育著我們，並是我們死後永遠的歸宿。從某個角度來看，它只能極其神秘，而且是非理性的，筆者把這看作是風水地理中的風水。

以上所說的風水和地理無疑都認識到了土地的兩個重要方面，但因爲地理的研究對象是可視的、可觸摸的感覺實體，可以將其做爲學術研究的素材進行探索，而風水的研究對象則是完全無法感知、五官無法感受的東西，因而常常被忽略。

換言之，做爲對土地的綜合性認識，風水地理是人類在地表生存場所中自然形成的對土地的認識，是生活智慧的積累，本質上具有科學與藝術的雙重性質。風水地理認爲土地做爲生活場所，不但從精神和肉體兩方面提供適度的舒適感，而且具有靈性的一面。從這一點來說，風水地理在古代的方法和現代的生活之間起著微妙的連接作用，這當然是指未被歪曲或尚未墮落的風水。

從古代的神話、傳說或民間故事來看，先人們似乎認爲萬物是有機的，而且相互依存，特別是我們的農民更是與土地同呼吸共命運，農業受土地和氣象條件的影響很大，最典型的環境是風和水，即風水。而且韓國的地形複雜，氣候也格外複雜，不但隨緯度變化，很大程度上也受到山川造成的局部小氣候的影響。風水地理就是在這種農業生產方式基礎上形成的思維方式。

此外，正如幾種宗教的起源所示，山能夠給人某種靈感，一直影響著人的心理。應該注意的是，近來我們擺脫了一切政治束縛，統一國家和民族的願望變得越來越強烈。這時，最引人矚目的就是長白山與天池，韓國人大都認爲天池水是哺育韓民族的乳汁，是韓國風水地理的源頭和歸宿。

因此，對我們的祖先而言，精通風水地理自然成爲領導者必備的修養。古代韓國的村莊或城市都位於山腰或河流的北岸，因爲朝南陽光好，山峰可以阻擋冷風，位於山腰可以預防洪水，岸邊取水便利，這種位置舒適而和諧。但風水思想的內容並非僅止於此，這些只是爲風水思想奠定了基礎。所謂風水的思維方式，是對地形和氣候以及風土等對地理、土地廣義的認識，是闡釋自然的方法。它的內容本質上是貼近自然、富有人情味的，因而不難理解。然而，自然風土和人類都對存在本身的神秘性無可奈何，無論採用何種方式，沒有一種理性的解釋能讓所有的人都理解，因此只好採用一些複雜、晦澀的方式加以說明，所以，應該說是因無知而扭曲了眞相。

本來人們可以憑直覺和本能感知並利用天、地、人之氣，如今，這些卻變成了未知的、不可理解的東西，這一點對理解韓國的風水地理至關重要。

綜上所述，農民對土地的看法分爲兩種：一種是試圖把土地看作理性的、可以說明的認識對象，另一種是認爲土地具有無法用語言表達的神秘之氣。

簡單地說，這種態度就是從合理的地理與神秘的風水兩個方面來認識土地。朝鮮王朝中後期的實學者們就是這樣一群人，他們同樣重視地理和風水，對土地的認識處於風水和地理的混合狀態。那麼，實學者們是否眞正從風水和地理兩個體系認識土地？

在住所的選擇上，他們眞實地表現出雙重心理結構，一方面根據儒教參與現實的社會意識，從合理的地理觀出發談論適合居住之地；另一方面，他們也絕對沒有無視或忽視希望藉以從黨爭中解脫出來的現實逃避性風水。

儘管他們的地理學水平沒有達到從風水地理中把風水和地理分開來認識的高度，但筆者堅信，他們嘗試把墮落爲自私信仰的風水剝離出去時內心充滿了矛盾，這使他們形成了混亂的雙重心理結構。從某一方面來說，他們強烈批判當時墮落的風水，大概是爲了恢復風水的本質，即恢復風水和地理的混合狀態，盡力維護人與土地的和諧關係。

他們對山脈體系做出直觀的總結，一致認爲它源於崑崙，至長白山拔地而起，成爲山之宗。但在談及地裏流動的地氣時，他們對其存在本身提出了不同見解，這說明他們把地理和風水混爲了一談。從某一方面來說，這也暴露出他們只依據山脈的外形進行判斷，但在體系化方面缺乏近代地理學的地質結構知識。他們批判非理性，卻未能找出任何方法證明近代意義上的合理性。

此外，他們談論選擇居所的條件時提到了人心和山水，這清楚地表明他們並不反對朱子學。對典型的韓國風水形局論置之不理，說明他們具有士大夫階層的局限性，根本不具有任何普羅性，至少他們的地理著述是這樣的。

在關於國土的爭論中，他們雖然使用了風水的論據和用語，但觀點卻極爲現實。他們開始把風水和地理分開使用，雖然似乎並非有意而爲，爭論的焦點也主要集中在有關風水理論的恰當與否上。對他們來說，現實性與實證主義的合理性不同，因爲他們認爲，在認識現實方面，除了合理性之外，非實證性的經驗、情況以及發展趨勢等很多因素結合在一起發揮作用。在他們的地理觀中，風水和地理處於混合狀態，但並非地理就是理性的，風水就是非理性的，重點在於它在現實中具有何種意義。

實學者十分瞭解風水，但他們似乎沒有認識到，他們所瞭解的風水是已經墮落的、非正統的風水，他們當做地理的東西反倒更接近傳統的風水地理，但他們從中摒棄了氣的概念，因而犯了把風水排除於風水地理之外的錯誤。他們全力反駁的是墮落、淺薄、自私的風水，是不配稱爲風水的東西。因此，他們的主張反倒讓人覺得像一場倡導恢復風水地理本質的運動。

但對人們誤解甚深並造成弊害的同氣感應說，實學者們幾乎無一例外地從理論上進行了攻擊。

洪大容說，受重刑的囚犯在獄中飽受煎熬，但從未聽說他外邊的兒女因此染上惡疾。他不禁嘲笑道：陽世的父母子女，尚不能同氣感應，更何況死者的氣怎能影響到他的兒子呢？[66]

李瀷舉了一個例子，說全州慶基殿附近的墓地動遷時，他察看了一下墓地風水與子孫吉凶的關係，發現並不相符，因而指出其荒誕不經。[67]

在這些例子之中，最具說服力也最有趣的是朴齊家的觀點。他不愧爲北學派學者，他的駁論說：中國的田野廣闊無垠，人死都埋葬在田間，渾圓的墳墓相差無幾，全無青龍、白虎、砂格、眞穴之別。試想韓國地理師到該處選墓址，必定要拋棄平時之所學。所以關於墓葬，不可一概而論。[68]

他還強調，陰宅發福更是虛妄至極，那些不採用土葬而用水葬、火葬、鳥葬、懸棺葬的國家也有人生活，有君有臣。所以壽或夭、家宅興或亡、八字的好或壞、家境貧或富，皆爲天意，與人的行爲無關，更不應與墓地的好壞聯繫起來。

在此，筆者絕對無意下個結論，說同氣感應說虛無孟浪，但我完全同意這些實學者指出的陰宅風水所造成的社會弊端。這可能會引起讀者的誤解，認爲筆者的態度自相矛盾，但筆者所說的風水地理是眞正的、積極的智慧積累，而不是墮落、自私、消極的僞風水，如果讀者能夠理解筆者的上述立場，這個問題就迎刃而解了。

7. 大韓帝國末期以後的風水思想

朝鮮王朝末的十九世紀，風水再次發揮了革命思想的作用。據野史記載，洪景來[69]深諳關西一帶的民心並加以籠絡，聯合嘉山的禹君則、泰川的金士用、郭山的洪總角、價川的李濟初等同志，都利用了風水地理學說和醫術。全琫准[70]也用風水和針灸救助、醫治民衆，奠定了起義的基礎。但是，他們都以失敗而告終。從此，我們的傳統風水從政治社會中完全消失，轉而開始與《鄭鑒錄》⑪的道讖思想結合，隱跡於新興的民族宗教之中。東學⑫與天道教⑬、甑山教⑭、圓佛教⑮、普天教⑯、更定儒道⑰等大部份宗教就是革命與風水的結合。在外國勢力入侵之際，韓民族偉大的傳統思想反倒深深植入人們的精神世界，這一歷史瞬間確實非常奇妙。

現在，人們的生活中只剩下徒有其表的僞風水，深奧的自然哲學與嚴肅的倫理人道主義已經蹤跡全無，只剩幾種虛妄的相地術僞裝成秘術得到廣泛應用。筆者斷言，只要人不行人道，縱然用盡千方百計，也不能得到吉地。這是風水思想的出發點。越貪婪，選到的土地會給主人帶來越大的災殃。儘管如此，從大韓帝國末期到今天，風水已經變得毫無價值，完全淪落爲一種自私的雜術，只妄圖靠選吉利的墓地和宅地達到讓自己和自己的子孫享受陰德的目的。

最近，學術界一個明顯的趨勢就是探尋風水地理中含有的先人智慧。這是一件好事，但在現實中，絕大多數人都認爲風水就是選墓地，土地已變爲非人性的空間結構，學術界能否通過努力最終將其轉變爲人性的空間結構尚需時日。但是，風水做爲一種自私的選地雜術確實應該徹底消失。

其間，消極的國土風水也曾出現過，典型事例就是拿韓半島的地形作比喻的宏觀地形論。李重煥曾說，朝鮮的形態如老者向中國作揖，這無疑是事大主義的一種表現。問題源於日本地理學者小藤把韓半島的形狀比喻爲兔子，崔南善認爲這分明是強調韓民族劣等的伎倆。爲駁斥這一觀點，他提出了老虎形態論。在《少年》雜誌創刊號的〈奉吉學地理〉專欄中，崔南善提出：韓半島就像一隻猛虎，虎虎有生氣地抬起前爪朝東亞大陸張牙舞爪地飛奔過去。這一形象的含義意味深長，充分顯示出韓半島積極進取，不斷發展壯大，而且元氣旺盛，無窮無盡。當然，我們不能一口斷定這種說法就是風水，但那本就是個風水極度墮落的時代，這不過是增加一個例子而已。

此外日本人還曾妄圖通過斬斷韓半島的穴脈、破壞王宮，抹煞我們的民族性，但這些是外國人的卑劣行徑，不是出自我們自己的風水思想，在此不再談論。

如前所述，要切實看到學術界近來的研究成果，尚需一些時日。不過，筆者認爲，金芝河最近提出的觀點對確定風水思想的發展方向具有相當重要的意義。他說，他有意把環境運動改稱爲生命運動，生命運動與風水學相結合，可能爲解決現代文明的燃眉之急——能源問題提供根本的方法。他希望大力開展對風水與科學、風水與環境運動的研究和利用，在環境運動與科學界中掀起風水運動。因爲能源體系必須依賴養氣、養生的生命科學，而且一切機械和工具的線路必須遵循生命的原理，轉換爲符合養氣、養生能源系統的有機體，比如採集太陽能的方式，也與風力、潮汐力一樣遵循循環利用的程式，沒有污染、變質、破壞的危險，但對其過度依賴就是掠奪，掠奪是生態界變質的最後階段。人類必須根據氣與生命的二重性、互補性和陰陽的原理，從養氣的角度聚氣，將其加以融合，創造出新的生氣。只有從這一原理出發，人類才有可能從根本上解決污染、能源等問題，因爲這符合風水的原理、土地的生命原理。農業必須轉變爲新的生命能源產業；工業必須完全轉變爲有機工業、生態工業、生命工業；資訊化必須發展爲靈性的溝通，構建起創造性的靈性溝通網路。一切生命相互溝通，無機物也相互溝通，如果人與人、人與地球與宇宙之間都能夠實現神與氣的溝通，我們就可以克服現代文明的一切障礙，消除一切弊端和矛盾。風水的基本原理是聚集、培養生命與靈性，生產出新的、創造性的氣。我們必須從中探索新的文明之路⑱。儘管這一觀點是他做爲思想家或是運動家提出來的，並非學術性觀點，因而在是否具有合理的說服力方面有些問題，但也不無道理。試想風水思想又何曾是理性的呢？

8. 摘要及結論

綜上所述，筆者歸納出以下論點：

第一，韓國的風水思想源於韓民族原有的地氣感應能力，韓國有自生的風水地理。在這一基礎上，新羅統一三國後，中國的風水地理理論與禪宗一起傳到韓半島，從此風水開始出現在歷史記錄中。此外，三國時代初期古墳上出現的四神圖並不能證明中國風水地理已經傳入。不過，關於這一問題，還需要將來更多的研究。

第二，風水地理的歷史並不符合一般的王朝史，相反，每到王朝末期，風水地理就變得積極進取，每到新王朝誕生、王權確立之後，它開始走向墮落、自私。關於這一點，筆者建議，可以如下五個階段來劃分傳統的韓國地理學史：(1)傳統地理觀萌芽時期，這是古代韓民族空間觀確立的時期。筆者認爲，三國時期，溫暖宜人的南方之地所代表的空間觀體系已經確立起來，這是風水思想觀念紮根的時代。(2)三國時代後期到統一新羅時代中期的佛教國土地理觀時代，這是嘗試在世間建立佛教淨土的時代，風水表現出積極進取的狀態。但到這一階段末期，風水墮落爲民俗信仰。(3)風水道讖思想極度盛行的新羅末期到高麗後期階段，由於新王朝已創建，當初曾經積極、合理、富有建設性的風水思想，褪去了原來的民衆性和反統治理念色彩，再次流露出淪落爲統治階層護身工具的明顯傾向。(4)朝鮮王朝儒學者倡導的儒教理想社會觀念佔主流的時代，但是，由於儒教本身的適應現實、追求權力的性質，這一觀念未能昇華爲民衆的地理觀。在這一階段，風水地理把『生存地理學』的位置拱手讓給了性理學的唯心主義，自己演變成爲『死亡地理學』，完全站到了滿足一家、一族或一人私欲的反民衆的立場上。(5)實學者領導的合理實用主義地理觀形成的時期，這是韓國地理思想史上一個非常重要的時期，但因尚無研究成果的積累，只能做爲一個假設提出。

第三，風水地理原是一種綜合認識土地的觀點，隨著時過境遷，人們對地氣的感受漸漸變得遲鈍，只有從經濟與感覺的角度研究土地的地理做爲一門學問得到承認，探討土地神秘、祝術性的方面，從某一角度而言甚至帶有宗教性質的風水逐漸蛻變爲一種雜術，風水地理呈現出一分爲二的趨勢，逐漸分化爲探索土地合理性的地理和探索土地生氣的風水。

第四，風水的特點是在末世發揮革命與變革思想的作用，在政治穩定期卻淪爲祈福的雜術，其個中原因還有待深入研究。

第五，最後，我們應該肯定學界現在從多個角度進行的風水研究，並翹首期待著研究結果，但研究者應該注意，不能讓一般人因此開始信奉自私自利的陰宅風水和同氣感應論。此外，我們應該繼續關注那種認爲風水可以成爲生命運動思想基礎的觀點。

第二章

地氣與風水的理論結構

第一節 氣感與直觀

1. 何謂感氣

一九八八年八月，筆者再次回到漢城，這距離我從漢城大學研究生畢業、服兵役離開已經間隔十五年，其間我在倫山訓練所、光州步兵學校及廣尙北道永川待了三年，還在慶北大學地理系講過課。退伍後，我在全南大學地理教育系做過講師，並在剛剛成立的國土開發研究院短期工作過。因爲它叫研究院，我原以爲在那裏只要勤奮學習、寫論文，就能拿工資，但事實並非如此，原以爲按照自己的研究計畫，完成政府機關的項目，可以在工作之餘學習自己的專業——韓國風水地理，但實際上這是白日作夢。現在回想起來，自己那時候太不瞭解現實了。

之後，清州師範大學偶然有了個職位，於是我去了那裏，大概三年以後，我又得到全北大學地理教育系的邀請，在全州生活了八年，因此至今我對全州還有一種故鄉的感覺。輾轉之中，我接到了母校漢城大學的邀請，於是苦惱開始了。大多數人勸我說沒什麼可考慮的，漢城人當然應該回漢城，更何況是回母校呢，不必留戀，趕緊走吧。但是，全北大學的金基賢先生身爲朋友向我提出忠告，勸我放棄漢城之行。我們坦誠相見，相交相知如平生知己。由於他的人品和專業——韓國哲學，他向我提出這樣的忠告。此外，英文系的崔俊石、國文系的金興秀等先生也出於友情，勸我留在全州，和他們一起生活。

其實本質的問題在於我對在漢城生活沒有信心，在漢城，連教育子女都要激烈競爭，相比之下，全州人情和自然地理都古風猶存，自然會好得多；最重要的是，我內心完全無意放棄全州的田園式生活，因爲可以吸納大地之氣，而漢城是個水泥、鋼筋、柏油和金錢混雜在一起的黯淡地方；我還擔心，自己既無博士學位，又不曾去過國外，會不會無意中給漢城大學的前輩們抹黑呢？還有朋友們也讓我難以割捨，我們經常在繁茂的槐花、栗子花盛開的樹蔭下，一邊暢飲米酒，一邊如山寺禪僧般談天說地。不過事與願違，最後，我還是走了，一個朋友把《心經》送給了即將上路的我。

既然來了漢城大學，我下決心從後輩和弟子中尋找願意學習韓國地理思想的人，和他們一起認眞學習、討論。所以到漢城的第一個學期，我在研究生院的課堂上嘗試教授風水課。在這一過程中，我得到了關於風水的幾點啓發，下面先談談理性與非理性的問題。首先，我們知道，大部份研究生頭腦中滿是西歐的理性及其作用，難以改變，有些事情即便在生活經驗中經常發生，就如家常便飯一樣，如果不能用語言理論的一貫性解釋清楚，他們也絕對不肯相信。

偶爾也有人出於對傳統思想的熱愛，幾乎無條件地學習和研究，但他們又往往過分執著於精神力量、超級能力等僞神秘主義，比理性主義更折磨人。所以不管是理性還是傳統，都走向了極端，讓人疲憊不堪。

陷入理性迷信的人有一個很大的缺點，就是如果按照他們的理論來解釋他們無法接受的一些風水現象，他們就很容易理解，甚至可以舉一反三。比如說，對於屍體在地下消失的逃屍穴現象，如果用西方地形學的 mass wasting 中的 soil creep 現象來說明，那麼即使對生屍穴現象不加說明，他們也能理解。

再比如說，根據船員的經驗，如果出海之前老鼠從船上逃走，那艘船就會遇難，原因在於老鼠具有一種本能，能比人更迅速地感知海底地震引起的地震波。如果告訴他們，這一說法不是船員的迷信，而是一種智慧，他們會毫不懷疑地接受。老鼠是否具有感知地震波的能力尚未得到證明，可能有，也可能沒有，問題在於如果用 mass wasting 或地震波等西歐學術體系的理論來解釋，他們一般都認爲是合理的。筆者在此想指出的，就是他們這種僵化的思維方式。在這種事例中，地氣問題最爲典型。

氣是風水的基本概念和出發點，地氣在地裏沿一定的路徑流動，而風水的目的就是找到它，從而做到趨吉避凶。因此，風水中最爲重要的是感知地氣即感氣，感氣是本質，感氣貫穿於風水的始終。只要氣感好，就不需要那些晦澀的風水理論。

禪僧用手指指著月亮，是爲了告訴人們何謂月亮，聽從禪僧教誨的人如果仰望根本的對象——月亮，這一認知過程就圓滿完成。但是，禪僧走進院子，一面仰望著月亮，一面用手指著月亮教導人們，人們卻圍坐在寺院的廊臺⑲上，只想通過看禪僧的手指來認識月亮，而不去看被大雄殿屋簷遮住的月亮（當然即使想看他們也看不到），那麼禪僧的描述再精妙無比，又有何用呢？人們連月亮都未能看到，怎麼能說認識月亮了呢？不過是瞎子摸象罷了。這裏強調的是，風水中重要的不是理論，而是對氣感的體驗，即感知地氣。

問題在於感氣如此重要，人們卻做不到。如果人們從廊臺上走下來，來到院子裏，就會看到遮擋月亮的屋簷消失了，一輪圓盤般的明月掛在玄妙的夜空中。原本只要跨過一道門檻就能做得到，他們卻偏偏不做。他們的全部思維體系都在廊臺之上，從未想過離開廊臺，或許他們都沒想到過廊臺之外還有院子。他們要坐在屋頂下的廊臺上看月亮，即使等到海枯石爛，也不可能看得到。

最重要的是讓人們看到月亮，但人們就是看不到，所以整個世界充斥著對月亮的說明。本來只要實際看一下月亮就大功告成的事，卻因爲人們不能轉變固有的思維方式，要多費好多氣力。

這樣一來，很多描述月亮的理論應運而生，眩惑世人的各種理論十分蕪雜，告訴人們月亮的樣子是這樣或那樣，顏色如何如何，是圓的，是彎的，是帶著光暈的，它消失了，又出現了，等等。隨著天氣與日期不同，月亮不斷地在發生變化，所以看見月亮的人只能隨時用不同的說法來描述月亮，但聽者怎麼辦呢？只好把每句話都當成眞理，全神貫注地傾聽。

風水中的地氣也與此同理，本來只要從思維的框架中邁出一步就能感受得到，人們卻做不到，由此產生了許多關於地氣的理論。在這衆多的理論之中，我們不能說哪一個錯或哪一個對，只能說他們都描述了地氣很小的一個側面。地氣隱藏在地下，只有虛無縹緲的風水理論在世上流傳。

2. 分析地氣的例子⑳

東方人自古以來就相信地氣的存在，認爲它的流動與山、水、植被、氣候等地理特徵具有可視的聯繫，東方人對地理的看法中含有地利和地脈兩種不同的含義。

根據《山法全書》的記載，地利即察看山川之險峻與平坦，以便設置城郭和城市、村莊，建立國家。另外，還要察看道路和村落的均衡與遠近，以便於進出；察看土地的高低，挖溝渠，開溪流，以利於灌溉。所謂地脈，即觀察地的陰陽及走向，大則建都立國，小則修建家宅、墳墓，以迎祥瑞福氣。因此，地利有利於百姓福祉，地脈掌管人生命運。

風水是我們對土地的傳統認識體系，可以概括爲山與水兩種，自從古人認識土地時起，山脈和水脈就是最重要的要素。這種對土地結構的認識源於氣世界觀，可以說，風水理論體系就是在這一基礎上形成的。

土地具有養育萬物的活力，這種活力被統稱爲生氣。古人認爲生氣因地而異，根據風水的理論，土地上面的某些特定場所才有生氣，風水師擁有的全部技術都是用於尋找這種場所。如果人們都可以感知生氣，風水的所有理論就失去了用武之地，氣在風水中就是如此重要。

那麼所謂地氣又是何物呢？通過文獻檢索地氣這一詞語的解說，我們發現，所謂地氣，可以解釋爲在土地上發生的、與氣候變化及農作物生長相關的自然現象。換言之，古人用地氣來解釋通過農耕來實現農作物生長的生命現象，用氣的循環來描述隨不同季節變化的氣候現象。

毋庸贅言，這一解釋中含有地氣做爲一種生命力促進萬物生長的含義，而且認爲地氣造成土壤分佈情況各異，並從地形、植被的作用、風、雨等氣候要素綜合發揮作用的角度認識地氣。

地氣還指能源和水的循環，或者指地上的水蒸氣，有時還指地球大氣。總之，地氣不是指某一種實體，而是意味著與土地相關的整個系統持續發揮作用。換言之，古人試圖將地氣的概念應用於宏觀認識太陽能、循環水、承載循環的土地三者的關係。此外，地氣還與器具製作相關，被用來概括地指稱那些影響物產分佈的自然、環境等外部條件。

地氣作爲一個大的框架，它被認爲影響地理的多樣性和萬物存在的地理條件，特別是影響人的疾病、性格、體質、智慧等因素。我們還可以發現，古人通過觀察各個地區的地理特點，歸納氣的類型，提出了樸素的地氣環境論。筆者認爲，這種觀念非常接近風水思想，對風水的形成產生了極大的影響。

文獻中到底是如何描述氣和地氣的呢？以下具體看幾個例子：

三光爲天文，山川爲地理。（《漢書》〈郊祀志〉）

天有日月星辰，謂之文。地有山川陵谷，謂之理。（《論衡》〈自紀篇〉）

氣爲仿雲氣之象形。（許愼，《說文解字》）

地吐氣爲風。（《莊子》〈齊物篇〉）

古太史時，隨時察地，陽氣厚積而滿，則土氣動而生。適値立春，農事始。陽氣備而升，土潤欲動。若不動不變，則脈中盈災，穀物不能盛。（《國語》〈周語上〉）

凡風行地上，各有方位。土質各有所份，隨氣而變。故九州之土各異。禹審其大概，一州之內，土脈恒異，因地氣亦相異。故地利相異，有強土、弱土、堅土、暖土、燥土、溫土、生土、熱土、寒土、肥土、瘠土之分，皆應審其所適耕作。（張標，《農丹》）

風爲天氣，雨爲地氣。風隨季而起，雨應風而落。故雲天氣降而地氣升。（西元前四世紀左右的《許兒子》）

地氣不高升入天，此太陽晨昏爲紅、日中爲白之理。地氣若高升入天，則日中亦爲紅。

（《隋書》第19卷〈天文志上〉）

風起、雲湧、雷動、電閃、雨下、露落、霜凝、雪降者，皆由地氣蒸騰鬱結而成。（《神氣通》）

天時，地氣，才美，人巧，四者合則器物佳。才美，人巧，而器不成者，未得天時、地氣者也。（《周禮》〈考工記〉）

土地各以類生人，故山氣盛則多男，澤氣盛則多女，障氣盛則多啞，風氣盛則多聾，林氣盛則多腰彎背聳之疾，木氣盛則多駝背，居於岸下氣者，因地氣多足腫，居於石氣者多力大，居於險阻氣者多瘤，居於暑氣盛者多短壽，居於寒氣盛者多長壽，居於谷氣之地者多瘸、癱，居於丘氣之地者多雞胸，居於平野之民多仁者，居於丘陵之民多貪欲者，各仿其地氣應其類之者也。（《淮南子》〈地形訓〉）

即便氣濁之人，如能擇地氣清者而居，擇清純之物而食，一切通達之竅皆取清明，其發用可清。即便氣清之人，如居所之地氣、攝取之飲食、通達之耳目皆濁，其發用亦無不濁。（崔漢綺，《神氣通》第一卷〈體通〉）

凡萬物，無不源於大地陰陽，一切地上之氣可見其象，唯此物流轉於地下，雖賦萬物生命，卻不可觸，不可觀，故此稱爲地氣。（張説對《錦囊經》的注解）

除此之外，還有很多關於地氣的說明，雖然都指出了地氣的某一方面，卻都未對其本質、實體或具體原理進行系統的說明。通過這些例子，我們可以充分認識到，先人們認爲地氣是萬物、特別是生命的根源。

3. 陷入困境的地氣課

現在回到前面的話題。前面我們曾提到，雖然地氣在風水中最爲重要，但它的概念模糊，無法進行合理解釋，因此如何向學生說明成爲一個問題。

在中國風水歷史上，類似現象也出現過。這裏暫且拋開風水起源的時間不談，中國關於風水的第一部經典《青烏經》成書於三世紀，東晉郭璞撰寫的葬書《錦囊經》成書於四世紀。這兩部書都是最早的風水典籍，也都建立在以氣感這一原論性地氣論的基礎之上。但是，由於人們逐漸感受不到地氣，風水發展到了需要建立理論框架的新階段。大致來說，這一理論始於唐朝楊筠松⑧的《感龍經》、《疑龍經》之類的風水書籍，這些書中嘗試從理性的角度認識無法感知的地氣，根據山水的形態與外形尋找地氣之所在，所以後人稱之爲形勢法，或是根據它形成的地方，稱之爲關西法或江西法。

人與人之間的關係與其同理。人際關係也是氣的關係，這與土地和人之間存在氣感一樣。男女第一次相親，在見面的瞬間，姑娘就討厭那個男子。坐下的那一瞬間，可謂心境澄明，了無一物，毫無疑懼之心，可以產生氣的感應。因而通過氣的感應，可以直覺地感到雙方的氣不和，於是產生了討厭對方的感覺。但是，那不過只是一個瞬間，理性隨後立即啓動，心裏開始盤算，對方長相不錯，學歷和家庭也好，經濟狀況也不錯，而且看起來性格也很隨和。不管怎麼算計，對方的條件都無可挑剔，但在隱約之中，仍然覺得不喜歡那個人。

這時候，人們會說，『隱約』是一種毫無用處的感覺，重要的是對方擁有的背景，並強調說這才是理性的想法。但是，認眞思考一下，我們會發現其實重要的還是人本身，而不是他的背景。對對方的氣的感覺是絕對的，而他擁有的背景條件卻是可變的，或者是不確定的。在這種情況下，什麼才是理性的？隱約的東西又是什麼？所謂理性的，是可以按照理論說明的東西；所謂隱約的，是重要到幾乎可以決定全局的東西，但只能隱約地感覺，卻無法說清楚。即便如此，人們總是遵循理性的判斷。爲什麼人們不反思一下，自己是否在迷信一種被稱爲理性的東西呢？

再以經商爲例，具有理性思維方式的經營學學者未必能成爲好的經營者，有些連經營學入門書籍都沒讀過的人反倒成爲經營的天才，這是社會現實。

不懂地氣的人創立的風水形勢法與上面的例子一樣，僅憑判斷形勢卜算地氣的所在，可信度很低。人們不應忘記，無論理論多麼完美，都有出錯的可能。有人不能感受地氣，但知道地氣最重要，所以創立了形勢法，但它可能對，也可能錯。今天，就是它淪爲一種術法。

難道今天西方的社會科學不也是如此嗎？經濟學對經濟現象的預測或者政治學對政治現象的預測可能正確，也可能錯誤。只因爲它們說明的過程和方法是合理的，井井有條，就稱之爲科學。問你的專業是什麼，如果回答說是地理學系的風水思想，很多人會啞然失笑，大概是覺得可笑。但如果回答是經濟學或者政治學，可能不會有人失笑，因爲那是建立在西歐式理性基礎上的社會科學。這多麼有意思啊。

但是，筆者想說的是，風水也是生活的一個重要組成部份。請記住，筆者絕對不是要維護那些爲了掙錢給人擇墓相宅的僞風水、雜術渣滓。

不管怎麼說，相看山水的分支理論不但建立起來，而且變得越來越艱深。基本的相看法發展固定爲龍穴砂水論，即察看與山的脈勢有關的龍、與位置相關的穴、與周圍山勢相關的砂、與走勢相關的水。但到那時爲止，風水的重點是生活場所，而不是墓地，那時的風水屬於陽基風水。

到了宋代，風水進一步帶有了秘術的性質，王伋、胡舜臣等人創立的學派從新儒學出發，認爲理（即法則）決定氣（即物質），遂以陰陽地理爲方位，提出方位決定風水的主張。因此，這一學派被稱爲方位法、屋宅法、宗廟法、佩鐵法、理氣說等，風水理論由此變得難上加難。

歸根結柢，如此高深的理論是爲了說明地氣，所以首先應該在課堂上把氣解釋明白，這理所當然，但無法做到。用語言或文字解釋氣本身就很勉強，而且我的解釋成爲衆矢之的，研究生們的思維方式堅固得可謂刀槍不入，所以從一開始上課就困難重重。上了大約四周以後，有的研究生對這門課本身產生了深深的懷疑。爲了理解語言無法說明、也不知道是否實際存在的所謂氣，社會科學系的研究生要在專業課上萎靡不振地聽什麼陰陽、易、五行等舊時代的遺物，可能鬱悶至極。

沒過多久，氣論課幾乎被學生們放棄了，我也深感遺憾。爲什麼他們只願意接受用語言能說明的東西呢？爲什麼他們不能下決心接受我想傳授給他們的觀點呢？我的目的是補救韓國地理學的一個重要缺陷，具體地說，就是消除無條件接受主張非人性空間理論的西歐地理學及由此造成的弊端。我想把風水思想作爲解決這一問題的最佳處方傳授給他們，但母校的後學們卻只希望接受明晰的、用來選址的風水地理，因此我感到非常傷心。

他們似乎願意接受這樣的解釋，即北面的主山、左右的青龍、白虎圍起來的風水明堂，可以阻擋冬季寒冷的西北季風，所以在選擇聚居地上，這種傳統的地理思想具有合理性。可他們爲何不懂沒有青龍、白虎的明堂吉地同樣也數不勝數呢？

然而，身爲教師，我不能只是歎氣。因此，後來我嘗試講授以龍穴砂水論爲基礎的形勢論。儘管這也並非易事，但學生們不再流露出以前對氣曾表現出的尷尬表情，應該說已經是幸事了。因爲形勢論還算有一套井然有序的理論，在一定程度上接近他們的思維方式，不過他們似乎並未因此就接受了這一思想的假設前提——氣論。

傳統風水思想可以從整體上認識土地的性質，但學生們認爲它是非理性的，於是將其束之高閣，想當然地認爲把土地看作佔有和利用對象的西方地理學是理性的。對於這樣的人，我應該說些什麼呢？我突發奇想，他們既然學習了風水形勢論，對其有了一定的瞭解，那就帶他們去實地勘察吧。勘察對象就選在朝鮮王朝太祖李成桂的建元陵所在地東九陵，和朝鮮王朝末代皇帝高宗、純宗的洪裕陵所在地金谷，對於這兩個地方，地氣論和形勢論的觀點針鋒相對。從前，培養風水師就要先讀眞典載籍，然後讓他們踏山考察，按照古人的這種做法，讓學生勘察東九陵和金谷也符合常理。

4. 建元陵與洪裕陵

建元陵是朝鮮王朝開國君主太祖李成桂的陵墓，坐落於漢城東部忘憂山的另一側，在京畿道九里市東九洞。東九陵面積將近六十萬坪⑫，裏面還有文宗、宣祖、英祖等的陵墓，其核心是太祖的建元陵。

關於這裏被選爲陵地的原因，有兩種說法：一是據《宣祖實錄》所載，李成桂爲了給自己尋找陵地，帶著當時的國師無學大師在城鄉各地探尋，最後發現了隱藏在楊州檢岩山的一塊地，決定將那裏定爲壽陵。爲自己選定陵地後返回都城的途中，太祖在檢岩山坡路上休息，想到從此不再有任何憂心之事，所以從此那裏被稱爲忘憂裏。另一個根據是《太宗實錄》記載，太宗八年五月二十四日，太祖駕崩，於是開始物色陵地。參贊議政府事[83]金仁貴向領議政[84]河倫報告檢岩山是合適的吉地。河倫去實地勘察，發現果然是天下寶地。於是經國王批准，這裏被定爲太祖的陵地。

但據太祖、太宗兩部實錄所載，太祖希望像高麗恭湣王[85]與魯國大長公主[86]一樣與王后一起葬於並排相連的雙陵。因此，爲了在新城漢陽周邊尋找吉地，太祖不辭辛苦地四處尋訪，最後在王宮西南聚賢坊（現在的中區貞洞）好不容易找到一處稱心之地，建造了自己與神德王后姜氏的壽陵。但是太祖八年太祖死後，太宗憎恨自己的繼母姜氏，不願讓她和太祖同葬，於是把太祖陵移到了現在的建元陵所在地。第二年，太宗又藉口自古帝王寢陵不能在都城之內，把它移到了現在的城北區定陵洞東小門外的沙乙閑里山麓，這就是定陵。從這一記錄來看，兩種說法中後者似乎更爲準確。

建元陵的來龍脈勢和韓國所有的吉地一樣，都以長白山爲祖山，綿延兩千餘里，到鐵嶺急轉西下數百里，在抱川崛起爲白雲山，再從那裏南下百餘里，聳立而成坐北朝南的檢岩山，這就是陵地的主山。左右的青龍、白虎各呈月亮、太陽形，拱衛著明堂，在風水上爲日月相抱之形。簡而言之，龍虎砂城具備了應有的形態。水也在王宿川和中浪川之間形成分合水之勢，流入客水漢江，因而得到高度評價。

儘管評價很高，但是建爲王陵，這裏的地形還遠遠稱不上完美無缺。整個主龍相當於漢城的外青龍脈勢，做爲主要的依靠之處，玄武砂也不能說具有帝王陵地應有的雄渾氣象。因此，如果只依據風水形勢法的理論來說，這裏比起上好吉地還稍遜一籌。

勘察的時候，學生們還對陵地的龍穴砂水展開了討論，結論是這裏不完全符合前面所講的形勢法。但是，我卻認爲這裏是最好的陰宅之地。對此，學生們感到困惑不解，我對此做了說明。

雖然這塊土地從形勢上不能說盡善盡美，但地力的氣勢即地氣卻非常雄壯，足以壓倒其他的王陵。朝案方向即陵前的鷹峰與南漢山景色秀麗，恰爲王朝初期隆盛、強烈的地氣、風氣聚集之地。大概因爲朝鮮王朝初期的風水更尊崇實際，而不是外表的形式，才會選擇這樣的地方。簡單地說，風水上重要的不是形勢，而是地氣，所以這裏是明堂吉地。

對於這樣的解釋，我覺察到學生們仍十分不解，於是決定先看完金谷再做理論。我們就出發去位於京畿道枚渼金的朝鮮末代皇帝高宗的洪陵和純宗的裕陵。

這兩處陵墓都是亡國後選的位址，形式上仿照帝陵，可看之處很多。主龍奉厤石的天摩山爲少祖山，一直朝西南方延伸，直到平內里⑧⑦漢城天主教公墓，再從那裏延伸到石頭坡，外攔數個護山，一路延續到洪陵的主山妙積山。其脈勢在通往卯方的入首處張開臂膀，形成絕妙的形勢，洪陵就在這裏。術士們稱這樣的地形爲梅花落地形吉地。旁邊的裕陵被稱爲十字通氣形，也屬於天心十道穴之一，從外形上來看是天下最好的寶地。

然而，從地氣來看，這裏卻是虛花，也就是無氣的空地，即假花。這兩座陵墓印證著此地是導致一個家族乃至一個王朝滅亡的凶地。它們說明，有的地形即使完美無缺，如同教科書上的典範，也有可能是無氣的虛地，要尋找吉穴名地，更應該重視地氣的聚集，而不是完美的外形。

然後我們開始討論，學生們講了很多，這裏只介紹一下有關形勢和地氣論的部份內容。他們提出了幾個問題，比如說，『我們吃苦費力地學了一個學期的風水理論，今天到現場來一看，理論上無可挑剔的寶地，您卻說是假的，理論上問題很多的地方，您卻說是帝王之地，那麼我們學的理論到底有什麼用呢？』『所以我一開始就講了，重要的是感知地氣，如果做不到這一點，只能依據形勢推測地氣，那隨時都可能出錯。』『那爲什麼還要學習理論？凡是理論，都應該符合現實。』『即便如此，它不是有自己一套系統的理論嗎？』『風水形勢論也同樣有系統的理論。』『不，那不是系統的理論，只不過是主觀唯心主義而已。』

這樣的討論進行了一段時間，最後歸納到能否用語言說明氣的問題上。我的回答當然是無法用語言描述氣，這時候有人以比喻的形式提出了反駁，因爲它很重要，現說明如下：

那樣的話，風水無法成爲一門學問生存。因爲如果連氣這一最重要的概念都不能用語言下義，風水怎麼能在現代學術界佔據一席之地呢？我們說蝦醬、魚醬之類有一種令人回味無窮的味道，但如果不能闡明那種味道具體是什麼，魚醬、蝦醬就會消失。在飲食文化與我們不同的民族看來，魚醬、蝦醬其實是一種腐敗的食物。我們對魚蝦醬的那種味道，雖然不是很清楚，但在一定程度上能夠感覺得到。可如果只憑感覺而不能用語言說明這種味道，我們的下一代就不會承認它，那種味道就會消失。我們不應只盲目地強調感受味道，而應該用理性的方法說明那種味道是什麼。

大體來說，這就是他們主張的核心內容。這時候，一個四十多歲的研究生提出異議，說用食品營養學的幾種分析方法能夠分析出那種味道到底是什麼。但實際上並非如此，如果我們通過分析魚醬、蝦醬，弄清楚了蛋白質如何，維生素含量怎樣，有什麼什麼酶，再反過來把這些東西精確地混合在一起，是否就成了魚醬、蝦醬呢？是否就可以產生魚醬、蝦醬的那種令人回味無窮的味道呢？

言即是也，這是金玉良言。那天夜裏，望著夜空的滿天星斗和初冬結了薄冰的、濕漉漉的草地，這個念頭閃過我的腦海。瀰漫天地的氣啊，雖然我能夠感受到你，卻無法將你說明白。

第二節 論韓國的名山⑱

1. 地氣來自何方

風水的目的是順地之生氣，以便趨吉避凶。那麼地裏的生氣——地氣來自何方呢？生氣來自何方的問題相當於風水的龍論。因爲生氣沿著龍脈流動，風水的四大核心龍穴砂水論中龍第一個出現，可見其重要程度。

風水中稱山爲龍，因爲它時大時小，時俯時起，時曲時直，時隱時現，變化無窮，與龍有相同之處。之所以稱之爲脈，是因爲人的血脈掌管氣血運行，脈清則貴，脈濁則賤，吉則安，凶則危，地脈也是如此。如果談論龍，卻不知龍脈來自何處，就是眼光短淺，學識淺薄，見聞狹小。

龍到底是什麼動物呢？當然是想像中的動物，龍被認爲集多種生物的屬性於一身，即爲駱駝頭、鹿角、兎眼、牛耳、蛇頸、蟒腹、魚鱗、鷹爪、蜥蜴掌，吐氣爲雲。

據《本草綱目》記載，龍背有八十一個鱗片，具備九十九個陽數，聲如擊打銅盤，口邊有鬚，頷下掛有明珠，頸下有逆鱗，頭頂有博山或稱尺木，龍若無尺木，則不能飛升上天。

另外，李圭景在《龍辯證說》中稱，龍角酷似鹿角，頭似牛頭，口似驢口，眼似蟾蜍眼，耳朵酷似象耳，鱗像魚鱗，腹如蛇腹，鬚如人鬚，足如鳳凰之足。管子也說，龍可明可暗，可大可小，可長可短，蜷曲可如蛹，伸展可藏天下。在想像的世界中，龍還是一種祥瑞的動物，能夠變化爲馬、羊、狗、雞、飛蛾等，也能變成龜、魚、蛇、蚯蚓、人、動物等，還能成爲花、樹等植物，或者變爲山川、河流甚至星星等天體。

所有的風水書都認爲，生氣的根源即龍之祖爲崑崙山，偶爾也有人提到須彌山。須彌山之語來自梵語，並無什麼特殊之處，而是指高聳於世界中央的高山。這個概念源於古代印度人的宇宙觀，後來被風水學說所接受。據說在此山的山頂上居住著以帝釋天爲主人的三十三天，山腰住著四大天王。筆者認爲，這一傳說傳入佛教，後來可能是兼作風水師的禪僧將它與崑崙山的概念混用。

一個確鑿的事實是崑崙山實際存在，須彌山則是想像中的山。當然風水上說萬山之祖是崑崙山，並未一口斷定就是中亞的崑崙山。但不管怎麼說，實際的崑崙山位於中國的西部邊疆西藏自治區與新疆維吾爾族自治區之間，最高峰是海拔七千七百三十二米的木孜塔格峰。周圍六千米左右的山峰有六十多個，全長兩千五百公里，是條巨大的山脈，許多神秘的地方人跡未至，覆蓋著萬年積雪。不過，僅從這些特點來看，崑崙山似乎沒有理由比喜馬拉雅山更受尊崇。

關於這座山的重要性，我們只能到東亞各民族的潛意識中去尋找。中國人堅信山之祖是崑崙、水之祖是黃河，並將二者合而爲一，認爲崑崙山是黃河的發源地。既然崑崙山賜予生命的源泉——水，當然就成爲地氣的發源地，當然，黃河的發源地實際上並非現在的崑崙山。

風水中說，『觀山之所始，必求其水之所起，觀龍之所終，必察其水之所界。』生氣通靈的地氣之根，它本在山中，是水搬運生氣並將它賦予人。因此，位於水之源頭的神聖崑崙理所當然地成爲世上萬氣之源。

崑崙山向東延伸，形成鴨綠江的發源地長白山，這是韓民族的祖山。明朝編纂的集風水之大成的《人子須知》借用朱子的話指出，從崑崙山流入中國的河流是黃河，女眞族興起的地方有鴨綠江。據說，天下有三處大水，即黃河、長江、鴨綠江。從崑崙山到長白山的脈勢與我們沒有直接的關係，談它必然要解釋中國風水的梗概，十分煩瑣，在此省略。不過，朱子認爲崑崙山是大地中心的觀點被我們的古人所接受，他們認爲我們的龍脈與崑崙山元氣相通，這大概是朱子學傳入韓國後的必然結果。筆者覺得，在中國的風水理論傳入之前，韓國自生的風水可能認爲生氣的發源地是長白山，而不是崑崙山。

韓民族之所以把長白山看做山之祖，有著必然的理由。無論是小村落，還是大城鎭，居民們都將身心寄託於周圍最爲秀美的山河。不過，他們的思維方式大概與現代的我們有所不同，他們並不認爲山與河孤立地形成、存在，而是認爲它們相互連接，氣脈相通。因爲我們的祖先認爲世上萬物都不能獨立形成。他們之所以能夠最先認識到海邊海水的漲落是由月亮引起的，就是因爲他們認爲所有的事物都相互關聯、相互影響。

我們可以通過水瞭解山，比如說，高句麗的百姓望著舊都平壤的大同江，會聯想到它流經廣梁津的鳳首山、都會嶺與月峰山一脈相通，屬於與妙香山、狼林山相連的清南正脈，並且沿著狼林山的蹤跡，順著白頭大幹的脈絡，最終與長白山連在一起。這就證實其祖山爲長白山。

2. 地氣流向何方

沿著白頭大幹延伸的山脈，在金剛山形成分水嶺，轉向西南，過了錦和的梧甲山、佛頂山以及道峰山、北漢山，形成漢城平原，然後與漢江相連，漢北正脈就這樣從白頭大幹汲取著營養。因此，韓國所有的山最終都紮根於長白山。明白了這一點，我們就更加堅信長白山是大地精氣之源了。

但是，有些人亂七八糟地學了些東西，似乎總覺得一定要與中國的崑崙山扯上關係才能放心，關於這一點，直到朝鮮王朝後期人們還爭論不休。《擇里志》的作者李重煥認爲，長白山的原脈在崑崙山，這大概是當時實學者對山脈的普遍認識。他說，長白山是崑崙山的一個支脈經大沙漠（好像是指塔克拉瑪干沙漠）南部，延伸到東部成爲醫巫閭山（中國東北遼寧省西側陰山山脈的一支），從那裏展開形成遼東平原，過了平原再拔地而起，形成了長白山，《山海經》裏說的不鹹山就是這裏。山的精氣向北綿延千里，後來被夾在兩條河之間轉而南下，形成甯古塔（中國東北吉林省甯安縣，清朝的發祥地）。此後，這一脈高高隆起，綿延成爲朝鮮山脈之首。他隱然指出，長白山是朝鮮和清朝的祖山。

茶山丁若鏞的觀點與其不同，他在《我邦疆域考》中講的道理非常正確，視角更爲接近問題的本質。他說，四海之內的山脈無不相連，長白山脈確實與崑崙山相連，但並非因此就要奉崑崙山爲祖，而將長白山置於其下爲孫。整個大地本是圓的，無高、低之分，開天闢地後，由於河流沖刷，泥土被沖掉，堅硬的地方自然成了山。

張志淵也說，醫巫閭山的脈勢經虎坤堆（中國吉林省東部的山名）成爲我們的長白山。在它的脚下，渾同江與黑龍江交匯注入北海。正因爲擁有這樣的名山大川，遼東地區人才輩出，物產豐富，自古就能夠與中國相抗衡，遼、金、元的興起都以這裏爲中心。

不僅如此，旅庵申景濬還指出，日本諸山也是長白山的子孫。《旅庵全書》〈疆界考〉中說，長白山被朝鮮人稱爲白頭山，是三國諸山之祖，它的一條支脈向西延伸到渾河以南、鴨綠江以北，與中國的錦州、沿海地方的諸山相連；一條支脈向東北方延伸，綿延到渾同江以東、鴨綠江以南、圖門江以北，形成東海以西的諸山，其中向東延伸的一支跨過大海成為日本的諸山。

長白山是韓民族的聖山，而且是我們的祖山。但對於總在一個地方生活的人來說，長白山實在太遙遠，只能在頭腦中模糊地感覺到。因此在很多情況下，人們另外再確定一座近處的山，眼睛看得到，身體直接感受得到，而且可以依靠，這就成為韓國的名山。韓民族如果不以山為依靠，就會感覺不踏實，無法生活，所以必須有供應地氣的山。不過，除了長白山，我們很難想出一座三千里國土處處可以尊奉的山，因此韓國產生了多種多樣的名山。但是，這個概念又不同於一個城市的鎮山，因為不管在當地多麼有影響力，從原則上來說，這座山必須在全國具有代表性。

在這樣的例子當中，最先浮現在我們腦海中的大概要算三神山。據司馬遷的《史記》記載，三神山是中國傳說中位於渤海灣東部的蓬萊山、方丈山和瀛洲山。那裏住著神仙，有長生不老的靈藥，為尋靈藥，秦始皇和漢武帝曾派數千名童男童女前去。有人說，他們所說的三神山是韓國的金剛山、智異山、漢拿山。不過，我們心中的三神山並不僅僅如此，三神老奶奶本來是指韓民族的始祖桓因、桓雄、桓儉，而在我們的意識中，她就像生命的源泉，具有送子、保障分娩安全及守護養育等能力。

有了孩子的時候，我們說是三神老奶奶送來的；產後養育孩子的時候，我們祈求三神保佑。因此，與其說三神山是某座具體的山，還不如說它是賦予生命源泉的母親山。所以，古代每個鄉村和城鎮都有三神山。後來，隨著地理方面的見聞增多，人們開始將其限定爲遠處幾座景色秀麗的山。三神山原是一般名詞，指生氣的發源地，現在變成了指稱名山的專有名詞。

三神做爲老奶奶，並不僅僅和孩子有關。自古以來，我們的三神是三尊守護神，是村、鎮乃至國家的守護神，他們大都以山爲根據地。桓因、桓雄和桓儉三聖自不必說，濟州道三性穴的良乙那、高乙那、夫乙拿三神人也屬於此類，他們都與山有著密不可分的關係。三韓時代的蘇塗⑧⑨也不只是長桿，還應該包括它豎立的地方——神山。

還有一個相似的概念是三山。新羅的三山是新羅護國神居住之地，據《三國史記》記載，三山就是奈曆、骨火、穴禮。這些山現在是哪裏不太明確。李丙燾博士訂正說奈曆是慶州東南的狼山，骨火是永川東南的金剛山，穴禮是清道郡的鼇禮山，日山是白馬江北岸的尉城山，吳山是扶餘東南的吳山，浮山是白馬江西側的釜山，但並不確實。

不過，一個有趣的事實是這些山大都位於大城市的東南方，而且全部三足鼎立於首都周圍，呈現出支撐首都之勢。這裏面蘊含的一個觀點是，韓國憑吸納生氣與生命之源——三神山的精氣而發展壯大。因爲古代國家的首都幾乎就代表國家本身，所以支撐首都的三神山就是國家的守護神。中國古代神仙思想中想像的三神山，與韓國傳統信仰中實際的三神山具有本質上的不同，需要加以區分。或許中國的三神山最初也源於原始宗教的山嶽崇拜，但《史記》中記載的三神山的確與我們的三神山不同。

筆者認爲，高麗的三蘇制⑨⓪似乎是三神山思想的殘存形態，它是指以高麗首都開城的鎭山兼護城聖山松嶽和位於其左右的神山或鎭山。總之，這也是在模仿風水中主山及左青龍、右白虎的概念。

3. 韓國的名山

歲月流逝，對三神山的信仰深入人心，深入人們的意識深處，卻很少被談及。倒是文人們在遊歷四方之餘，總是挑選出一些氣度不凡的山脈，留下吟詠的華麗篇章。從此一些山常常被人們掛在嘴邊，其中就有朝鮮四大名山。

這四大名山主要是根據景色選出的名山，位於東西南北各個方位，爲東金剛、南智異、西九月、北妙香。西山大師休靜⑨①對這四座名山都作了注解，最後隱居妙香山。他對四座山的觀感如下：

> 金剛山秀而不壯，智異山壯而不秀，九月山不秀不壯，妙香山亦秀亦壯。

從五行的觀點來看，金剛山和九月山屬金和火，智異山和妙香山則屬土，上述評價可謂精準。遺憾的是筆者只見過四大名山中的智異山，無法一一評說。但根據對三南地氣之源智異山的感覺，筆者推測妙香山應該像智異山一樣，是一座幽靜、豐饒、厚道的山，給人安全感。金剛山和九月山則相反，可能像雪嶽山一樣火性極強，乍一進山，景色足以讓人精神一振，但如果長時間停留，過度的絢爛似乎會使人感到疲勞。當然我也並非不知道內雪嶽的厚重，但無論如何雪嶽山很難讓人聯想到母親，反倒讓人一下想起漂亮的妹妹或嚴厲的父親。

除了四大名山，還有人選出了與我們的生活密切相關的國內四座山。李重煥說，就山勢而言，只有由秀麗的石頭形成的山峰才會美，水才會清，而且必須位於大河、大海交匯之處，才能有恢弘的氣勢。這種山在國內有四座，就是開城的五冠山、鎮岑的雞龍山、漢陽的三角山以及文化的九月山。

五冠山屬土，氣勢恢宏，雄健遼闊，包容蓄積，渾然厚重，與平壤相比，結構更爲別致，氣象更加穩健。三角山姿態挺拔，高聳空中，前方平坦，西北方高而受阻，東南方十分開闊，是有名的天賜寶地。而且內部明朗，土色潔淨，即使把米飯撒在路上，也可以撿起來再吃。所以，漢陽人多有聰明、開朗的特點，遺憾的是沒有英雄氣概。雞龍山不如五冠山雄偉，不如三角山秀麗，但山脈悠遠綿長，山谷深邃，滿載精氣。九月山規模狹小，水勢與地理的氣象雄渾，田地肥沃，非雞龍山可比，而且石山形如鋸齒，形態也不亞於五冠山或三角山。

此外，他還列出了堪為名山的春川清平山、金溝母岳山、安東鶴駕山、原州赤嶽山和獅子山、公州的巫聖山、海美的迦椰山、南浦的聖住山、扶安的邊山、永平的白雲山、谷山的高達山、光州的無等山、靈岩的月出山、長興的天冠山、高興的八影山、順川的曹溪山、大邱的八公山和琵琶山、清道的雲門山、蔚山的圓寂山、浦項的內延山、青松的周王山等。除了個別的例外，這些山都具有在平原上拔地而起的特點。

在平原上拔地而起的山具有特殊的意義，當然這有個前提，那就是山的重要性絕不只限於一般作用，人們一邊遊山一邊思索，賦予山某種意義，這種主觀作用也同樣應受到重視。從海岸進入內陸的平地上，有很多拔地而起的山峰，兀然高聳。由於相對的視覺交叉效果，它們顯得更為壯觀。

我們沒有西方那種關於神創造天地的神話，只有天地之門自動打開使天地分離的神話。此時山的作用是將永恆的天與有限的地連接起來。因此對我們來說，山是人類思考萬物根源的原型，是偉大母親的懷抱。

我們該依靠哪裏呢？山那樣高，使人覺得高不可攀，曠野那樣遼闊，讓人歎為觀止，卻不能把我們引向永恆。但是，近處高聳的山峰可以將永恆和有限連接在一起。風水稱這種山為主山、近祖山、玄武砂等，認為生氣就從這裏流出。

《高麗史》〈妙清傳〉裏記載說，有人奏請國王把八聖奉爲祭祀的對象。從中我們可以看到，所謂八聖是韓國的八座名山，奏摺中也做了一一的介紹，內容如下：

第一是白頭嶽，這當然是指長白山，此處供奉太白仙人（或稱太一仙人）和實德文殊師利菩薩等的神位。實德是實體、本身、眞身的意思，這說明白頭岳太白仙人的眞身是文殊師利菩薩。

第二，龍圍嶽，其位置不明，或許在平壤附近，它是大花宮的主山，就在妙清列爲第一吉地並希望遷都的林原驛附近，被賦予了神通自在的六通尊者（通陰陽、飛雨、晦明的仙佛）神位和衆佛之首釋迦佛的地位。

第三，月城嶽，指現在黃海道金川郡月城面的兎山。這裏供奉天仙和大辯天神（負責歌詠、音樂的神）。

第四，駒麗平壤，就是今天的平壤，這裏只被簡單賦予了仙人的號和燃燈佛的地位。

第五，駒麗木覓，指平壤的木覓，這裏安奉仙人的號和毗婆屍佛。

第六，松嶽，即開城的松嶽山，爲震主居士和金剛索菩薩的居住之所。

第七，甑城嶽，似乎是指黃海道九月山，這裏被賦予勒叉天王和幾個神人的資格。

最後，頭嶽，可能是江華島摩利山，這裏專門分配給天女和不動優婆夷（掌管息災、增益的女神）。

實際上，我們至今還認爲這八座聖山非常神秘。不過，這些山是否都是生氣的源泉還不確實，其中有的山給人重壓之感，有的山令人恐懼，不過它們的共同之處是都讓人相信有某種神秘之氣流出。

這類名山衆多，如果要一一說明，話就長了。各地供奉、尊崇的名山不同，下面選崔南善所提的朝鮮十二宗山來研究一下。十二宗山的共同特點是它們都是重要山脈的祖山，十二宗山是三角山、長白山、咸鏡道吉州和端川之間的元山、狼林山、平安南道陽德和咸鏡南道文川之間的頭流山、江原道平康的分水嶺、金剛山、五臺山、太白山、俗離山、全北長水的長安山以及智異山。

如上所述，風水界普遍認爲地氣的本源來自崑崙山，崑崙山是世界的中心，崑崙山的生氣沿著一定的路徑注入長白山。長白山起著倉庫的作用，接納生氣，並向韓半島甚至是向日本供應地氣。白頭大幹、長白正幹、洛南正脈、清北正脈、清南正脈、海西正脈、臨津北禮成南正脈、漢北正脈、洛東正脈、漢南錦北正脈、漢南正脈、錦北正脈、錦南湖南正脈、錦南正脈、湖南正脈等龍脈延伸到韓半島各個地方，長白山的地氣沿著這些血管一樣的龍脈向各個村鎭供應生氣，這回答了地氣來自何方的問題。

但是，人類絕對不能在供應地氣的名山脚下生活。舉例來說，心臟是血液流動的動力，我們卻不能因爲它是源泉，爲了得到生氣——血液，就在心臟上鑽孔，二者同理。這時像沿著動脈和毛細血管向身體的各個器官供應氧氣和養分一樣，龍脈將名山與村鎮、墓地連在一起，向那裏居住的人或屍體供應生氣，這也是風水的看龍法。

第三章

當代墓地問題與陰宅風水

第一節　評舊墳火葬制

1.豪華墳墓不可建

欲海無邊，擁有了九十九個的人仍盤算著，從只擁有一個的人手中奪取那人手中唯一的一個，這就是今天的炎涼世態。在現實生活中，提倡大家一起分享幸福的理想世界運動一敗塗地，剩下的已經成了一個動物本能原則橫行的世界，優者恆優，強者無過。

表現最爲突出的當屬土地問題。對於土地，只要一有機會，人們就瘋狂聚斂，只要一有積蓄，就傾力購置，一旦有了可能，就據爲己有。

冰凍三尺，非一日之寒。問題在於近來人們竟然置最基本的人倫於不顧，掠奪起來就像餓獸撲向獵物。歷史唯心主義者認爲，其最根本的原因在於韓國的歷史功過從未得到過正確的評判，這也不無道理。試想，誰曾爲敬順王的兒子痲衣太子⑫伸過冤？按當時的倫理道德來說，對高麗王朝忠心耿耿的忠臣們又何曾得到過蒼天的眷顧？上蒼可曾爲他們報仇雪恨？愛國者們爲反抗外國勢力掀起義兵運動，以鮮血和生命堅守信義，他們的後代今天大都處境如何？親日派、賣國奴卑鄙地投靠日本鬼子，聚斂了土地和錢財，他們的後代如今得到上天的懲罰，在承受著痛苦嗎？

土地一定知道，即便如此，對我們這些生活在現在的凡夫俗子又有什麼意義呢？即使有意義，誰又能肯定土地是不是知道呢？土地珍藏著歷史，筆者專門研究土地，我們的傳統風水思想要求能夠聽懂土地的心聲，但我的水平仍相去甚遠，仍不能聽懂它的心聲。再者，土地已經受到日本化、西方化，令人懷疑是否還有生氣，人們卻口口聲聲稱這種土地的變質是所謂的發展、開發，滿是溢美之辭，進一步加劇了混亂。如今，在韓國這片土地上哪裏還有人情味？到處瀰漫的都是截、切、堆、鑽、烤、煎、釘以及腐敗的氣息、燃燒的氣味，風水寶地已經失去了立足之地。難道因爲人類背信棄義，就要讓土地也拋棄信義？

上天向所有的人平均賜予土地，讓人們在土地上共同生活，土地不應屬於某個人。這些是在聖人文章中的內容，而在現實世界，似乎就該心狠手辣、不擇手段地佔有土地，倚仗它作威作福。唉，土地啊土地！

一九九一年九月十八日，早報上報導一些社會上層人士違法破壞綠化帶和樹林，修建豪華墓地，由於那一天的報紙主要報導的是十七日漢城大學研究生韓國垣被員警亂槍打死的事件，因此上述報導未能引起人們的注意。該報導的內容大略如下：

據京畿道㊈向國會提交的報告顯示，道內有七十七處三百三十平方米以上的豪華墓地，其中受到行政處理的豪華墓地四十五處，總面積達五萬四千一百五十二平方米，都是由於一九八九年一月以後破壞山林、違法修建家墓或設置石製器物遭到稽查。根據七月份修訂的有關埋葬及墳墓的法律，個人墳墓用地不能超過八十八平方米。報導還指出，這些違法者大部份是企業老闆、教育界人士、前任或現任輿論界人士等社會領導階層人士。對此，京畿道有關人士指出，即便爲了有效利用國土資源、消除不同階層之間的矛盾，社會上層人士也應做出表率，在修建豪華墓地方面有所節制。不過，話說回來，我們也搞不清楚所謂領導階層到底是領導誰的階層。

某報公開指出，名單上的某輿論界人士是某某報的某某人（某某日報的董事長），除了豪華墳墓問題外，在其他方面還有造成社會矛盾的『豐功偉績』。而某某報本來公開道歉還唯恐不及，竟然還耍了個花招，對名單上其他人的姓名、職務、墓地的位置等全部公開，對自己的董事長卻一筆抹掉，也正是這個某某報在前一天還刊登了譴責某人破壞山區、河水的社論，強烈抨擊其破壞自然、違反法律。這種厚顏無恥的行爲令我這種教師出身的人唏噓不已，只能再次感歎世間萬事的虛妄和荒誕。

如今，普通的墓地已經造成了嚴重的情況，現在（一九八九年底）南韓的墓地總面積爲九百六十三平方公里，墳墓數目爲一千八百四十一萬座，平均一座墓地的面積爲五十平方米，墓地總面積將近國土的1%，是漢城市的一點六倍。這還只是根據航空照片推測的數值，實際墓地的面積恐怕比這要大得多。

此外，一九八九年死亡二十五萬四千人，其中二十一萬四千多人土葬，佔 84.3%，其餘四萬多人火葬。據統計，每年有相當於汝矣島 1.3 倍的土地被死者永久地佔據。根據某一調查結果，每年大約有一千萬平方米的土地被用作墓地，也就是說，大概每二十年相當於仁川直轄市的土地就被死者佔據。

據一九八七年國土開發研究院的調查，韓國全國大約有五百萬座以上的荒墳，此外，有相當多的墓地親屬健在卻沒人去祭掃。對全國一千八百六十人實施的調查結果顯示，前五年爲曾祖父掃過墓的人佔 45%，爲高祖父掃過墓的佔 27%，爲元祖父掃過墓的占 13%，城市的比例是這一比例的一半，而且年齡越小，比例越低。

如上所述，保健社會部發佈的官方報告説明，每座墳墓的面積約五十平方米，但是，如果把散佈在樹林中的大部份墓地修建時毀壞的周圍地區也計算在內，墓地實際佔國土面積的比例將擴大到 2.3%左右。

韓國墓地最嚴重的問題是，如此狹小的國土上分佈著太多、太大的墓地，甚至每年增加的墓地面積，比開墾增加的國土面積還多，這就是我們的現實。

問題還不僅如此。死者一旦下葬，只要生者不將他遷移，他就絕對不會移動。換言之，他一旦佔據了一個位置，就永遠固定在那裏。而且傳統上遷墳的花費多，還有很多麻煩，令人頭疼，甚至有人說遷墳比辦葬禮還難，因爲這關係到死者的後事。

另外，韓國約87%的墳墓位於傾斜度不滿三十度的山林地帶，適合用作他途。因此，在很多情況下，墓地在不知不覺之間嚴重阻礙了土地的有效利用，這意味著生者可以充分利用的土地卻被死者佔用。此外，墳墓的修建導致周圍的樹林遭到破壞，山林被切斷，破壞了景觀的合諧、美觀，而且，挖墓穴也造成土壤侵蝕，等等。對生者來說，這些都是隨之而來的問題。

最近，由於經濟條件相對改善，以前只有特殊身分的人才能使用的石碑或石人、石獸等石製器物得到普及，本來一些墳墓天長日久就很少有人去祭掃，會成爲實際上的荒墳，但現在由於這些器物存在，它們也被當成是有人祭掃的墳墓而被保留下來。衆所周知，有人祭掃的墳墓處理起來更爲棘手。

總有一天我們也會死去，從這個角度來說，墳墓不只是死者的問題，其實是我們所有人的問題。好在今日人們似乎對墳墓制度和墳墓問題的嚴重性有著比較清醒的認識。

一九九一年三月，保健社會部爲制訂墳墓制度改革方案，組織了一次問卷調查，調查結果讓我們充分感受到了這一現實。對於擴大火葬義務對象，大部份人表示支援，比如說對於荒墳改葬時必須火葬的制度，84.2%的人表示贊成；對於將火葬義務對象擴大到死於旅途中的孤寡者、死於收容機構的孤寡者等，70.8%的人表示贊成；而且限時土葬制的必要性也得到大部份人的理解，72.7%的人認爲二十年以下比較合適，46.9%的人認爲十五年以下比較合適。

特別是對於墳墓的面積，絕大多數人認爲必須縮小，78.7%的人認爲應該縮小到10平方米以下，48.5%的人認爲應該縮小到6.7平方米以下。這一事實眞實地反映出違法修建豪華墳墓的社會領導階層人士並非眞正的領導階層，正視國土面臨的土地使用問題、認爲應該採取改善措施的普通老百姓才是眞正的領導階層。

慶州皇南里的98號古墳僅墳頭的面積就達六千七百平方米，漢城近郊東九陵的面積近二百萬平方米，但這些都是古代君王的墳墓，現在不但做爲文化遺產有很高的價值，而且也是市民合適的休憩場所。修建豪華墳墓的那些人難道是在模仿這些王陵嗎？那就應該正大光明地展示給大家，何必還要拉起鐵絲網，命令管理人員禁止一般人接近呢？不管怎麼說，他們修的墳墓比起高爾夫球場佔用的面積還算小的，應該算不幸之中的萬幸了。

筆者有一次去看一個豪華墳墓，僅墓地面積已經大得驚人，更可觀的是周圍還種植了奇花異草，立起各種奇形怪狀的大理石石器，而且在下方還挖了池塘，上面建起了巍峨的歇山式亭子。大理石肯定是從外國進口的，筆者雖然沒看見棺材，但想來不是義大利的大理石石棺，就是爪哇產的柚木棺。

他們這樣做，肯定事先諮詢了『有名』的風水師。爲了積德行善，在此我想告訴這些修建墳墓的人一件事：那些風水師其實都是騙子。試想爲了掙錢給人選地的人，肯定不是眞正的風水師，他們的眼睛已經被貪欲所蒙蔽，怎麼能看見順天而行的地氣呢？他們所謂的風水，不過是騙錢的雜術罷了。

風水的一個原則是使用本地的棺材，因爲風水上認爲屍體順利地腐敗、肉身回歸土地是好事。有時候人們遷墳時發現，有的屍體穿了中國產的高檔綢緞壽衣，壽衣貼在屍體的皮肉上，沒有腐爛，遷墳時要費好多氣力，外國產的棺材就更加荒謬了。在墳墓下方挖池塘也不知又是從哪裏學來的壞習慣。韓國古代諺語中有挖池塘一說，是指家破人亡，在墳墓下方人爲地挖出池塘更需格外禁忌。那爲什麼高宗和純宗位於金谷的洪陵和裕陵下方挖了池塘呢？別忘了，那是日本鬼子建的陵墓，挖池塘是他們爲了在祭祀時祈禱朝鮮永遠不要復國。除此以外，石頭也不是可以隨便用的，石器用得再好也只會壓迫地氣。

尤有甚著，如果還有人錢財多得不知該如何花，非要建造如此豪華的墳墓，筆者想忠告他們：把那『寶貴的死屍』埋到外國的寶地上豈不更好？[94]

2. 舊墳火葬制符合風水的原理

從利用國土資源的角度來看，墳墓是個重大問題，不能簡單從事，所以讓生者深感爲難。所有的動物當中，只有人類人道地處理屍體，其他動物則把屍體隨處丟棄。身爲萬物之靈的人類，我們的確必須尋求某種人道的方法；純粹從實用的角度來說，爲解決屍體腐敗可能引起的衛生問題，也必須採用適當的方法進行土葬或火葬；而且我們活著的人總有一天也會死去，所以墳墓問題不單是處理死者屍體的問題，也是我們自己將來的問題。

大家普遍認爲，處理屍體的習俗比其他習俗更難以更改。關於墳墓制度，即使通過對幾個技術問題的調查分析，制訂並推行某種政策，老百姓也不會輕易遵從。

今天，因爲執法不嚴，這個問題似乎還不很突出。如果我們認眞查看一下有關墳墓及埋葬的法律中，有關禁止修建墳墓的地區的規定，就會發現其實幾乎沒有可用做墳墓的地方，對此，筆者作了一些調查。

鑒於韓國墳墓總面積相當於漢城1.6倍的實際情況，我們遲早要改革墳墓制度，但因爲尚無解決這一問題的好辦法，所以大部份討論只停留在提出問題的階段。而在不久前，韓國天主教中央協議會提出了一個可以解決韓國墳墓問題的全新方案。

天主教提出的改革方案是，在天主教墓地裏設火葬場和骨灰盒存放處，把現在的無限期土葬制度改爲土葬二、三十年後把舊墳（土葬了二、三十年的舊墳）中的遺骸挖出進行火葬。關於此，天主教漢城大教區一九九一年二月表示，他們在京畿道龍仁郡的漢城大教區公墓附近擁有三十三萬平方米土地，其中骨灰盒存放處建設工程即將竣工並正式啓用。

（《朝鮮日報》二月十四日報導）

這一改革方案不只是提出問題，而且主動邁出了實踐的第一步。此前，在對教徒的問卷調查中，調查對象的87.8%積極贊成或者默認舊墳火葬制，說明這一制度有望得到落實。當然，它有一個局限，就是調查對象只是天主教徒。不過，一九八七年國土開發研究院實施的《國民關於墓制的觀念調查》表明，對於火葬，只有佛教徒表示支援，儒教、天主教和基督教徒全都反對，由此我們可以設想，除了天主教徒的觀念有了變化以外，其他宗教的信仰者可能也發生了觀念上的轉變。

此外，當時的調查表明，對於風水地理學說，只有佛教徒表示部份接受，其他宗教的信仰者都表示反對。如這一調查所示，我們不能說天主教徒比其他宗教的信仰者對火葬和風水地理學說更爲反感，所以這次天主教教會的倡議帶有普遍性，有可能得到廣泛的回應。

從葬法上看，天主教的這一倡議具有雙重性，開始是土葬，修建墳墓，經過一定時間後，再打開墳墓，取出遺骸火葬。對此，筆者認爲，這一倡議是劃時代的，卻不一定能被欣然接受，其中最大的原因可能在於火葬，即便已經死去二、三十年，用火燒掉人的軀體仍讓人不寒而慄，可能產生抗拒心理。而且，基督教和天主教的宗教思想中有復活的觀點，因而可能更喜歡永久性的土葬。

不管怎麼說，韓國人大都忌諱火葬，非常討厭在火中焚燒屍體，認爲它只屬於佛教徒，因而不假思索地認爲應該摒棄。

那麼土葬就一定比火葬好嗎？也並非如此。在韓國，好在是死去至少三天後才下葬，而在西方，偶爾有葬後又死而復生的情況。根據某項調查，在美國，住院死去的人中每五千人裏就有六、七個人復活。設身處地地想一下被裝進厚厚的石棺或木棺、埋入地下後甦醒過來的景象，那是多麼可怕，難道不覺得乾脆死掉更好嗎？

據說，當西方國家因爲開發需要拆遷公墓時，時常可以看到棺材蓋有被指甲用力摳出的痕跡，還有鬍子很長的屍體，這都是在地下復活後經受痛苦的證據。因此，有的西方人留下遺言，讓人在自己死後割掉自己的頭顱，或者把燒紅的烙鐵放在自己的胸口上，大概是擔心在地下活過來受苦，所以要求把自己確實殺死後再下葬。聽到這種事，人們可能會改變認爲土葬比火葬好的觀點，因爲從某一方面來看，土葬觀點可能是錯誤的。

各個民族處理屍體的方法也並不全是土葬，既有火葬，也有水葬，還有風葬，直到最近，風葬還是韓國西南島嶼上處理屍體的方法。儘管各地略有差異，但風葬的步驟大體如下：

首先，風水師在看得見海的島嶼上選一處丘陵的中部，然後鋪上石頭、整平，再在上面鋪上板子，豎起柱子，蓋上屋頂，再像蓋草屋那樣鋪上草苫子。這樣既通風，又不漏雨，屍體的肌肉腐爛得很快，這叫做草墳。草墳建成三、五年後，屍體的皮肉全部腐爛殆盡，只剩下骨頭。

用棉花蘸香料水把皮肉脫盡的骨頭擦洗乾淨，如果有的地方還有些殘留，就用竹刀挖出，這叫做植骨。植骨後，把骨頭從頭部開始按順序挪到鋪著麻布的新板子上，上面擺好壽衣，再用麻布覆蓋，然後移到新的下葬之地，修建正式的墳墓。

風葬之俗見於中國的《三國志》〈魏志東夷傳〉及韓國的《三國史記》等，看來這一風俗確實歷史悠久，但爲什麼這樣做，我們卻不甚了了。現在，這一風俗已經在其他地方消失，只在島嶼地區保留下來，其原因也不得而知，只是聽說漁夫去遠洋捕魚期間，如果父母去世，直接掩埋親人就不能再相見，所以開始使用草墳。

此外，還有人說這種先蓋草墳的二次葬禮制度，是爲了看清皮肉是否脫得乾淨、遺骨是否變成了潔淨的灰白色。這種制度經過一些變形，仍保留在晉州等一些南部地區，即不是把死者直接葬入先塋，而是暫時埋在其他地方，等五年後肉體基本已經腐爛，再洗骨後葬進先塋。

西藏人的鳥葬風俗更加奇特，在溪邊選塊平坦的石頭上，面積在十五拃左右，把屍體放下，先用刀縱切，打開屍體的腹部，取出內臟，撒在四周，已經嗅到屍體氣味飛來等候的禿鷲會來啄食；然後切下頭、手和脚，剝下肉扔給禿鷲；不一會兒，把剩下的骨頭也塞進洞裏搗成末，和大麥粉和在一起，做成飯糰扔給禿鷲。至此葬禮全部完成，屍體完全消失在了鳥腹之中，不留一縷痕跡。西歐的人類學者認爲，這種葬禮的目的是希望通過飛翔的鳥把靈魂送上天，但是否確實如此，只有老天爺才曉得。不過我們可以肯定，他們這麼做，一定是因爲堅信這比其他任何方式都更人道。

所以，韓民族厭惡火葬的傾向或許是一種偏見，更何況在韓國的歷史上，曾一度盛行火葬後埋葬骨灰。那是高麗到朝鮮王朝初期，一般人好像都採用火葬，連國王也是火葬後把骨灰盛在罎子裏，然後再修建陵墓。甚至有記載說，當契丹族入侵時，人們從陵墓裏取出骨灰罎子帶著逃難，返鄉後又重新放了進去。

朝鮮太祖四年獻司㊾上奏，請求從現在開始，無論是否是散官，現職官吏都要爲父母守喪三年，並制訂明確的家墓制度，禁止三日下葬和火葬，葬禮期間定爲三個月或一個月以上。看來，這是首次提議禁止已經蔓延到上層社會的火葬風俗。

到了世宗時期，爲遵守儒教的名分，國王也向普通老百姓下令禁止火葬，態度非常強硬，由此可見那時火葬仍然相當普遍。不過，那是個轉捩點，從此以後，韓國開始百分之百的土葬。據其他文獻記載，有人說火葬用柴會導致山林荒廢，所以火葬遭到更爲強硬的禁止。

但是，鑒於土地不足的現狀，我們將不得不實行火葬。我們鼓勵火葬，但這不易推行。因爲火葬場少，日平均火葬能力差，其中一個原因是以前我們討厭火葬，沒建很多火葬場；另一個原因是火葬場本身不受居民的歡迎，很難買到地。現在法律規定，死於傳染病者必須火葬，孤寡者和被社會福利機構收容者也即將被包括在火葬對象之內，如果不趕緊擴充設施，就現況而言，即使把屍體送進了火葬場，可能也得等上好幾天。

那土葬就容易些嗎？並非如此。無論使用公立或是私立的公墓，就要交付每坪二、三十萬元韓幣的土地購買費用，而且大、中、小城市的公墓都已飽和，想從中找個位置，得費不少力氣。此外，墓地管理機構的專橫跋扈，處理屍體的工作人員態度蠻橫，令人難以忍受，因此，辦葬禮的人們在傷心之餘還必須爲死者的生存競爭（或者該叫死存競爭）耗費心血。

保健社會部有一個計畫，即縮小現在規定爲三十平方米以下的墓地面積和二十平方米以下墳墓面積，將墓地面積縮小爲二十平方米、墳墓面積縮小爲十平方米以下，但這能否得到遵守是個疑問。

個人墳墓和家族墳墓導致佔地競爭愈演愈烈，是個最爲嚴重的問題。如果嚴格遵照現行的法律規定，這些墳墓實際上都無法修建。但是，法律得不到遵守，而且正如諺語所說，『墓地官司可以引起殺人案』，所以自古以來對墓地的管理比較寬鬆，國土就這樣在不知不覺中遭到蠶食。

關於修建個人墓地，目前韓國有以下幾種現行的法律規定：如果想得到修建個人墓地的許可，根據關於埋葬及墓地的法律施行規則第二條的規定，必須提交實測圖、求積表、林野清冊謄本等，經轄區的區長、市長、郡守交付市長、道知事[96]。但根據同一法律第八條第二款及同一施行令第九條的規定，禁止在可能危害國民保健的地區和國防部長已經確定的軍事作戰必需地區、城市規劃法規定的居住、商業、工業地區和綠化帶內的風景區、首都法規定的水源保護區、道路法指定、公示的道路地區、道路附近地區、高速國道地區和河流法指定的河流地區、農業用地擴大開發促進法規定的農業用地開發地區、山林法指定的國有林、保安林及採種林、沙防事業法指定的沙防地等地區修建墓地。因此如果按照法律，修建個人墳墓實際上是不可能的。話雖如此，個人墳墓還在一個接一個地建起來，簡直是咄咄怪事。總之，我們面對的現實情況是，火葬不願意，土葬不容易，很難找到死後的存身之處。所以，在這種情況下天主教提出舊墳火葬制，尤其難能可貴。

現在問題就歸納爲兩個，一個是將死者葬於墳墓是不是個必須遵守的優良風俗？另一個是二、三十年後再把下葬的屍體取出來火葬，是否違背很多人孜孜以求的風水原理？

要解決第一個問題，可以在死者去世後立即進行火葬。對於這一點，我們不應只站在死者被動的立場上考慮，而應該從生者的立場考慮：死去的祖先和父母的墳墓到底有什麼意義？

對活著的後代來說，墳墓具有潛移默化的重要意義，春節或中秋、寒食的掃墓也有多重含義。遵循這一傳統的風俗，我們可以再次體會到自己並不孤立，而是擁有自己的根，是生命循環的具體體現。在祖先的墳墓前，吵鬧不睦的兄弟、叔侄可以得到反省的機會，意識到他們都是生長於同一樹幹上的葉片。嫁到婆家的媳婦可以親身感受到，自己就像散播到這家的花粉，已經與之成爲一體。做爲媳婦，儘管自己的姓氏不同，但在始祖父母和公婆的墳墓前，她能感到自己已經與自己生下的子女血肉相連，從而確實認識到自己已經融入婆家這株大樹，成爲主體中的一員。

每個節日，當全家人風塵僕僕地站在父母的墳前，地下的父母對這些子女的子女——孫兒們給予無言的教誨，教導他們：父母去世後，子女還應如此孝敬，更何況生時呢？上行下效，爲了站在這裏，孫子們經歷了種種麻煩，從而全身心地體會到應該對自己的父母盡孝。

在地氣好的地方挖墓穴，安置父母，然後修建墳塚，原來只是爲了讓去世的父母得到安寧，不帶任何自私的目的。不過，子女爲了把代代相傳的孝心傳給子女，可以暫時借用一下墳墓，這無可厚非。如果墳墓所在之處地性強暴，會使掃墓的後人心性尖刻，所以應該禁忌。如果那裏的地形呈亡父痛苦的姿勢，則會讓掃墓的後人心情抑鬱，也非人們所願。

如果去世的人可以得到安息，掃墓的後代會受益於墓地厚道的地氣，可以涵養心性，那裏就是好的墓地之址，墳墓的大小或奢儉根本不是問題。如果過分修飾墳墓，反倒使土地背負起過重的負擔，而且破壞景觀的和諧，使後人受到不好的影響。

即便如此，有人仍願意揮霍財產，熱衷於裝飾墳墓，這些都是自私、醜惡的行爲，目的不過是爲了自我滿足、自我炫耀，羞辱死者，欺騙後人。其實對我們來說，最重要的是自己的心態，需要審視的只是人與地是否實現了和諧的結合。簡而言之，僅僅就此而言，墳墓對生者也算教益頗多了。所以我們得出的第一個結論是應該保留墳墓。

但如上所述，由於土地不足，我們不能對墳墓問題永遠這樣放任不管，那麼該考慮第二個問題，即將死去二、三十年的遺骨改爲火葬是否符合風水法則？現在我們就來具體研究一下風水學說是否能接受舊墳火葬制。

3.《錦囊經》中的同氣感應論

《青烏經》是流傳至今最古老的風水經典，它著於漢代，傳說是由青烏子寫成，此外沒有任何其他關於作者的資料。不過，大家公認，西元四世紀左右東晉時代郭璞撰寫的《葬書》比它更爲系統，內容更有根據，論證更爲合理。這本書非常有名，所以也被尊稱爲《葬經》，唐玄宗非常珍愛，將它放在錦緞袋子裏，因此它的另一個名字《錦囊經》更爲出名。本書引用的內容是對照奎章閣所藏圖書編號爲一七四一的《錦囊經》和《喪百問古本》兩種版本的結果，並參照了一行、張說、泓師的注解，在此只摘錄相關內容並意譯如下：

父母是人之根本，父母的遺骸如能得五行之生氣，子女做爲父母的血脈後人，豈能不受父母陰德所賜之福？據經書所言，氣與鬼如能感應，福及陽世子女。

對此，張說注釋說，上述經書大概指《古葬經》，如穴中感應，則父母之福傳及子女。父母去世，辦葬禮，故稱爲鬼。陽世子女受其陰德，故稱福及陽世子女。

對於同一字句，唐代著名風水師一行禪師又做出了如下的注釋：

以上所謂經書，乃是《錦囊經》作者郭璞引用的《青囊經》。他還說，生者爲人，死者爲鬼，父母去世後舉行葬禮，他們（即鬼）如能得地氣，則同氣相感，世間子女（即人）定會得福，這與銅山傾於西方而靈鐘鳴於東方同理。

對於這個比喩，張說做了更具體的說明：一天傍晚，漢朝未央宮（白居易《長恨歌》裏的漢朝宮殿名）裏的銅鐘無緣無故地響了起來。皇帝得知，感到十分怪異，就詢問周圍的人。恰好侍立在旁的東方朔⑰說，一定有銅山傾倒。果然，不久傳來了西蜀眞嶺的銅山倒塌的消息，算算日子，恰好是未央宮銅鐘自鳴的那一天。皇帝感到很神奇，問東方朔怎麼知道，東方朔回答說，凡是銅鐘，鑄造時所用之銅都取自銅山，因此同氣相感。這就如人之身體受之父母。皇帝感歎說，物尚且相互感應，何況人，何況鬼乎？隨著銅山倒塌，從那個銅礦裏取來的銅鑄成的鐘就會自鳴，這正如已故父母的本骸能帶給同氣相感的子女福氣一樣，都是自然的法則。在靈鐘與銅山相互感應的比喩之後，《錦囊經》裏又舉了一個例子，那就是春暖花開，屋裏的栗子也會發芽。

對於這個比喻，張說解釋說：農夫秋天採摘了栗子，保管在家裏。春天一到，如果外面的栗子樹開花了，家裏保管的栗子也會發芽。雖然果實已經離開果樹很久了，但那邊開花，這邊就發芽。意即：本性之根得氣，就會相互感應，正如地下的父母遺骨如果吸納生氣，子孫就會得到綿厚的福澤。

《錦囊經》中這些比喻都闡明了同氣感應論。但如第一章中已經說明，父母的遺骸吸納氣，不是通過血或肉，而是通過骨頭。經中說，所謂生，爲氣之所聚，氣結則成骨。骨爲人之生氣，人死唯有骨存。故所謂葬，爲使氣返入骨、生者受陰德之理也。對此，一行禪師注釋說：

人之生，爲殊氣之聚，氣聚則成血肉，其中凝結者爲骨。故人死，則血肉盡銷而唯骨存。骨本氣之所聚，生時以同類而納氣；死後入葬，骨複納生氣，澤被子孫，故謂子孫爲祖上之遺骨。凡祥葬後，精入骨，精氣結爲萬物，子孫之生以父母之骨爲本。自古以來，聖人以智教生者，欲求福則使其本（父母之骨）受陰德，此即葬之理。本骸（父母的遺體）擇取生氣，福氣使遺骨（父母拋捨下的兒女）感應，是因生者亦由氣構成。萬物皆以氣相感，吉凶禍福也以氣成，故人之災禍雖成於外，實則生於人之氣。故氣吉則祥，氣凶則爲禍，無不出於一身之內。但以衆生之肉眼，環顧卻不能細察，唯聖人以奇巧智慧奪天地之造化。葬爲本，福是末，此爲根本，福與利者，不過神妙手段而已。

接著，他又補充說：所謂人之生，陰陽配合、生氣交感聚集成人，凝結爲骨，人死則肢體、血脈腐爛，唯有骨頭存留。人之骨受五行生氣，骨即人之生氣，人死而骨不死。故所謂葬，爲人之生氣與地之生氣複合，爲遺體所納，生者豈能不享陰德所賜之福？這段話是說五行的生氣與地之生氣、遺骨之生氣三者合一，福氣可以傳到生者身上。

所以，即便是死者，只要骨頭存在，也可以吸納生氣。如果連骨頭也全部腐爛，化爲泥土，還通過什麼吸納生氣呢？骨頭化爲泥土需要三十年，此後，父母納氣的本骸銷蝕殆盡，此時除了紀念之外，墳墓實際上已經不具有其他意義。

以上的內容證明，天主教提議將對二、三十年的舊墳實行火葬的制度（即限期土葬制度）並不違背風水的原理。實際上，從抽樣調查的結果來看，我們發現，死者去世的時間越久，後人去掃墓的次數就越少。

根據國土開發研究院所做的調查，知道父親墳墓位置的人佔79.3%，知道母親墳墓的占73.1%，一個出人意料的事實是，很多人竟然不知道父母墳墓的位置；知道祖父母墳墓的分別是74.9%和71.5%；知道曾祖父母的則大幅度減少，分別爲46.8%和44.6%；到了高祖父母一代，則急劇減少為28.1%和27.4%。這個調查只是問知道不知道，而沒有問是否修整墳墓，恐怕大部份人對祖父母及更上一代的墳墓實際上都漠不關心，這些墳墓肯定很快會成為荒墳。

從某一個方面來講，保留墳墓是我們的一種傳統習慣和優良風俗，而且確實對後代的人性教育、社會教育意義重大。因此，完全消滅墳墓並無好處，也不太現實。

從這一點來說，天主教倡導的舊墳火葬制既可符合傳統的風水思想，又可滿足合理使用土地的要求，可謂一舉兩得。

第二節　實學家的風水觀

1. 擇里總論

有人認爲朝鮮王朝的實學是反朱子學的⑱，也有人說，所謂實學，本來就是儒學思想中的一個學派，離開了儒學思想，就無從討論實學的概念。從哲學的角度來看，實學思想的理想是原始儒學思想，對此似乎沒有不同見解⑲，也就是說，沒有確鑿的證據證實朝鮮後期的實學者們脫離了儒學的本義。

即便沒有實學思想的影響，人們也都一直在挑選居住的地方，東西古今都沒有例外。孔子也說里仁爲美，如不能擇仁地而居，豈可稱智？（《論語》〈里仁〉）雖然這句話更強調重視人，而不是擇里，但已經充分指出了選擇居所的重要性。孟子說，所謂仁里，爲人可安居之所。他還特別強調了安宅。毫無疑問，朝鮮王朝的實學者受到了上述聖賢的巨大影響，所以他們更加關心擇里。

實學者李重煥說，這個時代的士大夫須擇地而居。這從反面證明了擇里的重要性，當時的士大夫在實際生活中感受到對士人的殘酷屠殺，以下的文章眞實地描繪出他們擇里之難：

國家制度雖然優待士人，但仍然殺之如草芥。因此，不賢之人遇機便藉國家刑法公報私仇，由此士禍（屠殺文人的運動）數次興起。士人無名則被棄，有名則受忌，忌之者必殺之而後快，故仕途可畏。士林紀綱漸衰，是非之爭加劇，怨恨加深，以致互相殘殺。古往今來，士人生不逢時，則歸隱山林，如今此亦不能。戊申年間，數名逆賊以士人身分在鄉間舉事，故將其捕殺後，朝廷每每疑心山林深處巨賊悄然現身，即便知其不爲賊，又疑其心性，指其怪癖。士人如欲入朝爲官，則黨爭不絕，各執刀、鋸、鼎、鑊，欲將政敵置之死地；如欲退隱草野，雖有萬重青山千層綠水，卻亦不易。⑽

由此我們可以想見，在那個時代，無論城鄉，選擇居所都很難，不然怎麼會說出『普天之下，只要有士人之名，則無處可去』呢？

這些實學者關於擇里的見解，都表現出雙重心理結構引起的矛盾衝突。儒學的目標是參與現實，追求修己治人，但由此可能引發的黨爭慘禍和對世俗生活的懷疑，導致逃避現實主義思想與儒學思想並存。在實學者的著述中，類似內容比比皆是，有的強調生活的經濟方面，有的不知不覺中已深入人生的精神方面。在他們的意識當中，參與和逃避就像地理和風水的二元化（請參考第二章）一樣，使他們產生了混亂。

修己導致逃避，治人引導參與，這種簡單的公式或許能夠成立，但更根本的原因在於他們思想混亂，將地理與風水混爲一談。地理關心的是土地的物質產品，具有濃厚的世俗性，但風水則是考察實體不明的氣具有的特殊作用，認識人與土地的和諧關係，必然在某種程度上脫離世俗。從這一點來說，擇里中的參與和逃避，爲回答他們爲何會把風水和地理混爲一談提供了樸素的出發點。實學者們還未意識到有必要把地理和風水分開考慮，不過他們痛切地感到有必要消除墮落、庸俗、變質的風水，思維上的混亂便由此產生。

《擇里志》應該歸爲生活地理類著作，而並非風水類著作，序文的作者鄭彥儒離開作者的本意，大談隱居的勝地，就很好地說明了這一點。他談到桃源和樂土，說隱居者一定要擇地而居。按照他的歸納總結，作者的意圖似乎是要說明隱居之所，以躲避兇險的人世，這也起因於兩者間的混亂。

與其相比，同樣撰寫了該書序文的同族老人實學者李瀷，則充分地表現出對生活地理方面的興趣。他說，君子必擇可居之地而居。他還以此爲前提，總結出以下幾種不能居住的地方，這些基本上都是合理的，不帶任何神秘色彩。

大概而言，衣食匱乏之地不能居，土氣糟軟之地不能居，崇尚武力之地不能居，奢侈之風盛行不能居，多疑善忌之地不能居。善於取捨者，一定會將這幾種地方排除在外。

上述內容雖然屬於地理的範疇，但從風水的立場來看，主要談論了土地與人的和諧，因此反而達到了風水、地理融合的境界。

至此，我們接近風水的本質。如前一章所述，風水地理原本是追求土地與人之和諧相處，隨著時俗的墮落，它一分爲二，成爲地理和風水。那麼我們必須知道風水原本追求什麼，才能肯定風水和地理的分離，因爲朝鮮後期實學者將風水和地理混爲一談，反而開拓出一條道路，使人們認識到恢復風水地理本來面目意義重大。

當然他們並非自覺地意識到應該返回風水地理的原點，他們一方面把風水和地理分開，大罵墮落的風水；一方面在解釋土地、建議改善擇里時不得不採用風水地理的方法，因爲他們意識到風水地理的本質存在於風水和地理融合的狀態之中。

在風水思想史上，《青烏經》具有至高無上的地位，其中對土地的看法極爲接近本質，因爲風水的原理是陰陽相合、天地交通、內氣萌生、外氣成形、內外相乘，所以用眼睛觀察山川形勢，用心思考風與水的規律，才能獲得陰陽調和的上好墓地。當然，這本書對住宅也有同樣的說明，認爲宇宙萬物由陰陽五行之氣形成，人生的吉凶禍福由陰陽五行的運行而定，人生時吃地上長出的糧食，死後歸於土地，地形之精是陰陽五行，糧食之精是陰陽五行，人穀氣盡則死，返爲土氣，因此陰陽與地理、人生與墓地吉凶相隨。墓地的好壞與風水直接相關，風水由地氣的吉凶決定，只有山脈龍勢好，山溪水勢好，藏風回水與陰陽五行和天氣相合，才是充滿生氣的寶地。這種寶地可以賜福於住宅或墓地。

《青烏經》的這種觀點不摻雜任何自私的信仰，只是複雜地表述了風水與地理混融的狀態。無論怎麼批判，它都不過表現出了人們對土地樸素的敬畏之心而已。

另一方面，實學者也不曾忘記生活中人與土地的合諧不只是靜態的感應，而是以飲食生存爲基本前提。李重煥的〈卜居總論篇〉對這種人與土地的靜態感應及具體交流做出了最好的表述，因前人已做了很多研究，在此只簡單地摘要如下：

大體而言，卜居應察看者：第一地理，第二生利，第三人心，第四山水。地理方面應該察看水口、野勢、山形、土色、水理、朝山朝水，生利方面應察看能否經營或擴大與衣食相關的財理，在山水方面應該察看近處是否有郊遊之處，可以愉悦心情。

有人會問，這些怎麼能說是地理與風水的混合呢？此處筆者只選取了大題目，其實其內容很大程度上具有風水地理的性質，下面的研究會證實這一點。

2. 對看龍與形局的見解

在傳統的風水書籍中，風水思想的理論體系大體沿用龍論、穴論、砂論、水論四大部份，爲了便於綜合地說明幾個流派的理論，筆者做了更細的分類，首先從大的方面可分爲兩大體系，一是探究土地之理的經驗科學理論體系，一是闡明地氣如何影響人的氣體感應認識體系。

首先氣體感應認識體系細分爲同氣感應論、所主吉凶論、形局論，經驗科學理論體系細分爲看龍法、藏風法、得水法、定穴法、坐向論⑩，以下的說明基本遵照上述分類進行。

對於成爲祖宗的山龍脈勢，李重煥說，崑崙山的一條支脈從大沙漠南部向東延伸，成爲醫巫閭山，在此斷開，形成遼東平原，再經過平原聳起，成爲長白山。山之精氣夾在兩河之間奔流千里，一條支脈向後方延伸，成爲朝鮮山脈之首。〈卜居總論〉山水條中詳細說明了龍脈如何從長白山延伸，這種對山脈體系的認識影響到後來金正浩的〈大東與地圖〉，而且與此前旅庵申景濬的《山水經》一脈相承，可以最終上溯到道詵國師的風水思想。

旅庵對風水的看法與當時大部份人的看法基本一致，筆者對其山水觀點中若干牽強之處略加修改，將其特點總結如下：

第一，認爲所有的山都源於一座稱爲根本的山。這不僅是當時，也是自古至今韓國人對山一貫的看法，毋庸置疑，它與風水思想一脈相承。人們認爲，正如人體的經絡脈勢聯接不斷，人才能得到生氣供應，得以維持生命，保持健康，爲了得到祖山供應的元氣，山脈也必須綿延相連。當時，人們堅信土地與人相互關聯，把山看作有機體。因此，從他們的立場來看，這不言而喻。

對人來說，如果有生氣不通之處就會生病，而對山而言，也是如此，並非只要具備山的形體，就有生氣流動。

有人指出：所謂生氣，是地理之主；所謂葬禮，不過是對生氣的利用而已。生氣由陰陽結合形成，易卦上的水火相濟，指的就是完成的結果。如果偏向陰陽的任何一方，生氣就會消散，偏得越嚴重，散得就越嚴重，如果達到極端，就形成四種惡氣。如果純陰純火，就成爲尖利的殺氣；如果純陽純水，就成爲散漫的死氣；如果純陰純水，就成爲壅腫的病氣；如果純陽純火，就成爲枯散的敗氣，這些都不可犯。[102]還有人把尋找生氣比作禪，認爲它就像頓悟獲得佛頂三昧，強調山形並不等於生氣。這些證明他們已經把墮落的僞風水與傳統的地理區分開了。不過，關於這一點，各人的論述有所不同，例如，旅庵申景濬講山的脈勢流動與位置，但沒有表明對山的好惡和對生氣的看法，其他的實學者則大都談到了生氣，這是他們的不同之處。這也證明那時的風水和地理處於混亂的狀態。

第二，以經和緯的概念認識山的走向。《周算經》（下）中說經爲南北，緯爲東西，換言之，經緯即指縱橫。[103]雖然有的學者將經緯區分開來敍述，有的學者將經緯合起來敍述，但沒有一個學者無視山的經緯概念。不過儘管他們認識到了山的走勢，敍述時卻似乎未能準確地應用經緯的不同含義。例如，旅庵的《山水考》㈠〈山經〉裏將長白山到智異山的山系記述爲南北走向，正確使用了經的含義，但《山水考》㈡〈山緯〉和《山水考》㈢〈山經〉中只以江原道的五臺山爲標準，簡單地區分了山南與山北。

作者不詳的《山經表》中這一點更爲突出（種種跡象表明，《山經表》是對旅庵所著的《山水考》重新整理而成）。例如，《山水考》(二)〈山緯〉中長白山盆地出現在甲山府，又出現在茂山府，《山經表》中確立了一個山的體系，做成了圖表。

《山經表》中把這種山脈走勢歸納爲數條脈絡，對此筆者在第四章中將做詳細說明，請參閱。關於山的走向，它把各個主幹、正幹以及正脈的起始地點和連接情況、山的位置整理得一目了然。不過，尚需通過對《山水考》和《山經表》的體系進行比較等具體研究。

第三，關於山脈走向、地質結構以及烽路的內容有重複之處，卻未發現任何因果關係。由此可見，除了山的外形特徵之外，試圖從中找出任何科學性都是毫無意義的。在很多情況下，山脈的走向與地質結構的軸線一致，但我們不能因此就認爲當時的實學者具有現代地理學知識。由於我們今天不清楚旅庵到底以什麼爲標準提出這一山系，所以很難輕率地接受它，筆者之所以沿用旅庵的《山經表》中白頭大幹等山脈名稱，只是因爲現在的山脈名稱有矛盾之處。筆者認爲，韓國的山脈名稱當然應該遵照《山經表》的記述，但在此之前必須先進行研究，以確定《山經表》確實無誤。或許旅庵是從當時流行的所謂生氣流動方面提出了走向，這也有待將來研究。

第四，以經緯的概念看待水，但對水比對山更注重利益產出。

關於山的走向，李重煥的《東國山水錄》和李肯翊⑩④的《燃藜室記述》幾乎相同，由此看來，對當時的知識份子來說，這可能是一般的常識。特別是我們看到前一部份幾乎完全一樣，一字不差，更明確地證實了這一點。

有趣的是，鄭東愈⑩⑤的《晝永編》原封不動地轉載了風水地理中關於世界山脈走向的內容，即天下群山之祖爲崑崙山，其中三支進入中國，河北群山皆由河南經武州、風州、獻州等數州，止於平灣；北方諸山皆從蜀漢向東，止於泰山；江南諸山皆出岷山，止於浙江。這就是所謂三支主幹。

龍是由祖山的主脈和支脈綿延而成。風水上的祖山全都發源於崑崙山，著名的風水學書籍《琢玉斧》對此記述如下：

> 龍分爲三大類，南龍夾在南海和源於岷山的長江之間，中龍夾在長江和源於西嶺的黃河之間，北龍始於崑崙，夾在鴨綠江和黃河之間，綿延到長白山聳起爲宗，成爲朝鮮風水的祖宗龍脈。因此，人稱之山爲崑崙之子孫。⑩⑥

鄭東愈當然沒有全盤照搬這一觀點，不過應該注意的是，他對龍脈走向的反駁並未完全遵循風水的原理，而是更爲強調韓國風水的獨立性，表現出他反對事大主義⑩⑦的自主意識。不過，有趣的是，他對長白山脈不僅止於智異山而且延伸到日本的說法也表示反對。

出人意料的是，這些實學者們對風水形局論考慮得很少，韓國的風水本就與中國的風水不同，根據山的形貌推斷居住者生活的形局論很發達，實學者們對此卻極爲無知，其原因不得而知，也許因爲它是民俗風水，士大夫對其不夠熟悉。

李重煥一方面認識到人傑出於地靈，另一方面又指出，韓國山多平原少，所以百姓柔順謹愼，心胸狹隘。他還說，古人云韓國爲老人之形，坐於亥位，朝向巳位，是朝西向中國作揖之狀，因此韓國自古與中國交好。而且韓國沒有長達千里的河流、方圓百里的平原，所以不出偉人。西戎、北狄、東胡、女眞各民族都曾入主中原，唯獨韓國不曾有過，只能小心翼翼地堅守疆土，沒有餘力覬覦其他地方。⑩⑧

如果我們說這些話是事大主義，就有些過分，因爲從前後文來看，這更多地是在抒發他鬱悶的心情，並不是表述什麼見解。當然，從風水形局論上來說，我們無法爲這種說法叫好。

3. 對藏風與得水的看法

其實，風水地理的核心是藏風與得水，如前所述，所謂風水地理，是合指風水和地理。下面來考察一下相關內容。

英祖⑩⑨時期實學者湛軒洪大容指出，山水之靈氣聚集，會孕育出善良之人⑪⑩，這與前面李重煥提出人傑即地靈的說法一致。洪大用是實學者的代表，他的大部份著述都以土地生財爲核心，他也提出這種觀點，說明他和那個時代的其他實學者一樣，將地理與地利、風水混爲了一談。

先來看一下《八道總論》中關於藏風的內容：清北地形高寒，近邊疆，花、果無而物產少，民大多懶惰、貧窮⑪。風氣雄壯暴戾，不能與山明水秀之勝景相比，間或有破天荒之人物。⑫北有高山險坡，南有河流阻隔，內外皆爲山河，內部城牆多高大險峻，兼有沃野平原，眞乃天府之地、用武之國。但若天下事變一起，必爲兵家必爭之地，此爲缺憾⑬。山、海之間多奇景，山谷幽深，水石多而潔淨，據傳偶有神仙異跡。鄉人多好遊玩，子弟亦多染遊玩之風，少有屬文者。⑭西部山過高，如同異域，雖可供一時遊覽，卻非久居之地。⑮

深山僻壤，雖有山水奇景，只適於爲一時避難之居，非世代居住之地。⑯風氣嚴密，山清水闊，土地肥沃，衆多百姓與士大夫世代居住⑰。城位於深山之內，豁然開朗，明亮寬闊，水青山緩，別有清雅之氣，難以言表。故境內多有士大夫世代居住。⑱

河流之外，另有山聳立左右，如關鎖般攔擋，具有地利之最⑲。村落位於兩河之間，兩河爲青龍、白虎，匯聚於村前，形成深池。五臺山西側之赤嶽山脈在此斷開⑳。太白山爲堪輿家所謂漲天水星㉑之形，官衙居太白山左側支脈之中，堪看地形者稱之爲回龍顧祖之形⑫。堪輿家言，此村略略脫去殺氣⑫。

南邊即善山，山川比商州更爲明潔。據聞朝鮮人才半爲嶺南人，嶺南人才半在善山。壬辰倭亂時，明朝軍士曾路過此地，明朝術士懼怕韓國人才衆多，派軍士切斷村後山脈，以火炭炙烤，並釘下大鐵釘鎭壓地氣，此後不復有人才輩出之象。⑫

山脫盡殺氣，蜿蜒綿延於田野之中，另有兩河圍繞，氣脈不泄，可居之處頗多⑫。南原仍有隱隱殺氣⑫，若以都邑之地而論，扶餘地面狹小，遠不如平壤或公州⑫。內浦平時、戰時皆爲可居之地，但位於山上，無朝山，故無明朗奇越之氣。⑫平野之形，似相互包容，堪輿家言，已脫去殺氣⑫。地呈東高北低之勢，殺氣隱然瀰漫之中⑬。山水卑微粗野，不可居⑬。山自北延伸而來，在水口匯聚⑬。靈隱山止於兩河之間，氣脈之勢不泄，左右、前後俱爲有名之鄉，多士大夫之家⑬。雪羅山高聳入天，狀似卓笏⑬。平日殺氣沖天，白晝亦無陽光。地勢似傾向西北，無精氣蓄留之所，故富者少。居者多，但口舌多且性淺薄，不可爲居住之所⑬。全邑四面皆位於山上，故內部田野開闊，且山多低矮，清爽明朗，多有士大夫世代居住。然地高風寒，土貧瘠，富者少，貧者多⑬。月城山爲公州鎭山，眉山爲嘉興主山⑬。

水口阻塞，不知江水自何而出。村鎭與田野相通，東南方大開。天氣明朗，氣候涼爽⑬。江華一脈沿西海岸延伸，後傾塌，因洪水衝擊，石脈深凹。過一小埠頭，則爲橋桐島，爲開城郊外案山。島北漢江水流至此，成爲開城案水[139]。重視形局者謂白嶽山爲穿天木星之形，爲王宮主山[140]。

漢城正東方與西南方地低氣弱[141]。《道詵留記》載，勿毀泥土，應添土石，建造宮殿[142]。堪輿家言，進鳳山爲玉女妝台之形，高麗數代君主與中國公主聯姻即因此山。且因有筆山，故國人在中國科舉中及第。然白虎山弱，故國無名相而多有武臣之亂[143]。

毫無疑問，上述內容與風水師的話如出一轍，這恰好證明當時實學者對地理的看法未能擺脫風水地理的範圍。

另外，《卜居總論》中更具體地談到了風水的內容，集了上述《八道總論》之大成，幾乎代表了李重煥的風水地理思想。

李重煥認爲，居住條件應該包括地理、生利、人心、山水，其中生利和人心屬於地理學的範疇，帶有合理性，地理屬於風水地理，山水則兩者混合。

他還認爲，地理中需要看水口、野勢、土色、水利、朝山朝水，這相當於風水的藏風得水術法。水口是指以主山爲頂點，左右的青龍、白虎在村前相連，就像衣襟經兩側掩於胸前，或像鎖頭鎖住門閂，才可稱爲吉地。這種地勢即風水明堂論中典型的山河襟帶、水口關鎖寶地。因此，這完全是風水學的觀點。問題是這種地形在山中易得，在平野難求，因此，他建議，一定要有河水逆流而上，在高山或背陰的山坡上如有水流逆勢而上，封住明堂口則最佳。因爲在這種內水、外水流勢相逆的地方，即使發洪水，明堂內也絕對不會進水。

但是，過度重視水口關鎖，可能導致明堂的規模過小，掩上衣襟是好事，但過度嚴密就會給人沉悶之感。所以，李重煥奉勸人們還要察看野勢。他說：凡人皆納陽氣而生，天即陽氣之色，故天看來狹小，則絕非可居之地。故平野愈廣闊，地愈佳。日月星辰經常照耀、風雨、冷熱氣候均衡之地，人才輩出，疾病亦少。最應忌諱之處爲四方高山如壓，太陽晚升早落、夜間不見北斗七星之地。這類地方靈光少而陰氣易侵，可成爲雜鬼之窟。而且此類地方朝夕所起山嵐有害，易讓人染病⑭。他的這一觀點忠實地沿用了風水上對山勢的相對比較，是典型的風水思想。

李重煥關於山形的觀點也完全遵循著風水的理論，就如照搬了風水書：山形之祖宗必須具備樓閣飛揚之勢，主山秀麗、端正、清明、安閒者爲最佳。次之者，後山山脈綿延不斷，穿過平野，兀然聳立爲高山；支脈環繞，圍成小盆地，別有天地；主山形勢溫文、富饒，猶如重重宮殿。再次之，四方遠山，平坦遼闊，山勢向平地延伸，遇水而止，形成穴地。最應忌諱者，綿延而至的山脈不是懦弱愚鈍，全無生氣，就是山勢傾頹，缺少吉祥之氣。地若無生氣，無吉氣，則人才不出，故必須要挑選山形。⑮這些論點都是不折不扣的風水之論。

他還根據土色區分出死土和生土，在水利方面，也表現出陰陽相配的思維方式。但正如筆者所假設的，他一方面不能無視神秘的地氣，另一方面又不能無視與衣、食、住息息相關的現實、合理的地理，表現出雙重性。在朝山和朝水方面，他的觀點也同樣表現出風水與地理內容的混合。

他主張應處處盡量避免直刺，以曲折悠長爲要。這忠實地遵循著風水認爲地理對人的心性形成產生重要影響的基本原則。

實學者們將風水和地理混爲一談的證據數不勝數，我們再來看一個典型的例子——《燃藜室記述》中的清溪川明堂水之爭。

在世宗時代，集賢殿[146]修撰[147]李賢老[148]以范越鳳[149]的風水論爲憑提出請求，要求禁止向首都城裏的介川（清溪川）丟棄髒物，以保持明堂水清澈。集賢殿校理[150]魚孝瞻[151]則上疏說，范越鳳是吳溪的一個術士，聲稱明堂水有惡臭，骯髒不潔，爲悖逆、兇殘之象。但這是說墓地的吉凶，而未言及都邑的形勢。他的意思是指神道崇尚潔淨，水不潔，神靈不安，因而會有因果報應，卻並非是談論首都。京城之地，人口衆多，骯髒、惡臭之物必然堆積如山，必須有通暢的橋樑、遼闊的河水遍佈東西南北，將髒物排出，城內才能清潔，因此溪水自然無法乾淨。如今要讓京城的河水像山間溪水般清澈潔淨，不但不可能，而且從理論上來說，人鬼殊途，用於墓地的理論怎可用於京城呢？國王評論道，魚孝瞻的話很直率，於是沒有聽從李賢老的請求。

此時，風水師們請求切斷宮城北面的道路，在城內建造假山，以便扶助支脈。魚孝瞻上奏說，如今宮城地基入地亦達一人多深，如像術士所言，深挖一人多深，切斷城之主脈，禁人行走已是小事，再在切斷的山脈上塡土，則無異於挖肉補瘡，血脈怎會流通呢？若要使其氣脈流通，須先拆宮城，這當然萬萬不可。

以上內容中的後半部份與有人上疏請求禁止使用王陵背後的道路有關，因爲它可能截斷王陵主山山脈。

我們應該注意，在這一爭論中，他們利用風水的術語和論據展開辯論，實際觀點卻極爲現實。他們已經開始把風水和地理分開使用，爭論的焦點是如何在現實中運用風水的原理。所謂現實性，不同於實證主義的合理性，因爲在認識現實的過程中，合理性與非實證主義的各種經驗、情況以及發展趨勢等各種因素綜合地發揮作用。簡言之，他們對地理的認識處於風水與地理的混沌狀態，他們所說的地理並非就是理性的，風水並非就是非理性的，他們把重點放在了它具有何種現實意義上。因此，按照實學者的思維方式，現實性與合理性絕對不可等同。

另外，他們幾乎都不曾提及風水得水法，筆者認爲這是因爲得水法本身具有濃厚的法術性質。他們只對近代意義上可稱爲水理論的問題進行了合理的說明，這證明，他們已經開始從風水地理中剔除過多的非實證性因素。

儘管如此，他們卻在很多地方談到了無法證實的瘴氣，雖然我們迄今還沒有查明水中的哪一種毒素相當於瘴氣，但從它引起大部份地方病來看，有必要進行醫學地理學的研究。

另外，李重煥很具體地談到了吉地、福地和勝地的概念，這主要和圖讖思想相關，通常流行於王朝末期，而且除他之外，其他實學者都不曾提及，由此看來，這可能與他個人的政治經歷有關。

4. 玄同鄭東愈對陰宅發蔭的見解

朝鮮後期的實學者們對陰宅發蔭普遍持否定態度，偶爾也有人談起發蔭的實例，那可能只是把它當作了強調忠孝的手段而已。筆者並不認爲這暴露了他們對風水的無知，反倒說明他們蔑視聲稱可使後代發福的同氣感應論，因爲它自私自利、易於走上邪路。他們的這種意識更接近風水的本質。

以下內容引於鄭東愈的《晝永編》（上、下），具體出處略去。

首先鄭東愈關於陵寢的深度表達了高深的見解。

宋朝英宗大喪時，范蜀公上疏說：乾德初年宣祖遷葬，陵墓之制爲深五十七尺，高三十九尺，下棺與墓地遠近全都與之相符。因太祖思慮深遠，認爲厚葬無補於孝道，遂制定中制，爲後世立法。望陛下奉太祖中制，效法安陵制度。

孝宗居喪時，趙如愚上疏說：陵寢之制俱載於書籍。位於皇堂之下，深五十七尺，高三十九尺，靈台三層，爲正方形，各方長九十尺。陵墓高且闊，守衛極其森嚴，後代理應仿效。隨國南移之初，暫定王陵於稽山，概因非永久之制，故施行薄葬，本意再收復神京之後，告由移駕。其意雖美，不覺歲月遷延，六十年倏忽已過。昭慈陵西側已安奉五穴，其深皆不足九尺，勉強蓋棺而已，令聽者爲之寒心。望陛下深埋固葬，遵循古制，以做永久之計。

對此，玄同評論道：范公之疏，言深五十七尺、高三十九尺爲儉約之制，請勿僭越。趙如愚言高且闊，似更指其不可僭越。

由此看來，隨著時代變遷，墳墓規模不斷縮小。但如果不足九尺，僅能勉強蓋上棺材，則與庶人之葬有何不同？即便以將來遷墳爲前提，又怎能埋得如此之淺呢？大抵秦漢以來，安葬死者時風水未曾介入，所以不忌深挖切斷地脈，只追求奢華，因而所謂中制，竟也那樣高大寬闊。但宋朝南遷之後，風水之說逐漸盛行，遂至於此，並非因有遷墳之計而暫時淺葬。

不過，根據近來的風俗，埋葬的深度只及死者的身高即五尺左右，由此看來，好像反倒是風水促進了埋葬制度的簡化。

令人感到不解的是玄同緊接著談起了火葬問題。

韓國自高麗以來，葬事之法只依風水一說，但高麗時期，埋葬時多用器物等陪葬品，故墓穴內部空間大，而且不用石灰，而以石壘牆，移石蓋穴。今或有傾塌之處，探視其中，尙餘頗多古器、古錢。錢爲宋朝所鑄。其中火葬者只餘骨灰一瓶，而墓穴中皆如此寬闊。故此，高麗玄宗⑮在位的庚戌年（1010年）戰亂之時，太祖的梓宮被移至三角山香林寺安奉，後來再移至顯陵⑯下葬。取放梓宮，如取放庫中物品，即便採用風水之說，亦過於草草。

朝鮮王朝以來，已無火葬之事，葬事必用石灰，不用器物等副葬品。即便用副葬品，除非放入棺內，律法不許另留餘地，此爲風水之理。

因此，即便是國之山陵，用地道放入梓宮，將器物陪葬品安置於墓穴之中，以石灰覆蓋，使之堅固無隙。此雖不同於古代帝王葬禮，卻爲使屍身、魂魄安寧之道，墓穴堅密，必勝於空闊。

成宗⑰壬辰年間，南原郡梁誠之上疏，稱庶人將父母屍身送入烈火竟不知痛惜。由此看來，那時好像還有人按高麗的風俗實行火葬。

天下之人每言火葬爲胡風，並將其歸咎於元朝，然而元世祖嚴禁火葬，此見諸法令。相比之下，明朝卻直至末年未廢火葬，宮人死後即送入靜樂堂火葬塔之爐灶，實爲人所不忍。故某貴妃出財物購買百姓之地，將不願去火葬塔爐灶的宮人葬於該處。

誰曾想過明之禮教反不如胡元？故論世上之事者，須詳考史實後方可言。

從上述內容來看，朝鮮至成宗朝爲止，一般人仍普遍採用火葬，土葬的增加可能在成宗朝以後。

對士大夫爲何也學習、遵循陰宅風水之根本所在的同氣感應說，玄同做了如下評論：

> 古代無葬地吉凶左右子孫禍福之說，唯《後漢書》〈袁安傳〉中有此語。自秦之後，此說多見於史書，終成天下之定俗。然中國以外的他國中，自新羅以後，唯我國崇尚方術，此外四夷迄今無此風俗。如此說來，難道葬地吉凶左右子孫福禍之理只行於中國與我國，而不行於他國乎？
>
> 風水學說似應驗，又似不應驗，似應信，又似不應信，實不能知。此說以晉朝郭璞爲始祖，後來奉行此術者幾乎皆爲僧、道等避世隱居者。至五代，益字楊筠松成爲這一術法之鼻祖，亦未能出人頭地。至朱子，談論山陵只用風水之說，故此後士大夫不以研究此術爲恥。

玄同分析道，之所以連當時的統治者也被這一邪術所迷惑，是因爲他們不能完全無視統治思想——朱子學。

他又舉了以下的事例：

高麗太祖征伐東方，到清道，發現敵人集聚兵力，盤踞在一座山城，名爲吠城。太祖攻打無數次，卻不能取勝，於是憂心忡忡。僧人賓壤說，吠城即犬吠之城，所謂犬，具有夜守晝不守、守前不守後的習性，所以請求白天攻打其北側。太祖依照此言採取行動，果然大勝。類似說法亦見於《水經》，是子胥攻打麥城之法。子胥攻打麥城，先建驢城、磨城兩座城，再攻打麥城，大獲全勝。故當時傳說，東邊驢吃麥，西邊磨磨麥，因而麥城大破。此事完全遵守了名字之意相生、相剋的原理。此爲運氣，還是法則？實在不得而知，卻又並非全不應驗，成爲後世所謂祈禱法、禳災法等歪門邪道產生之根源。

5.湛軒洪大容和聾庵劉壽垣對陰宅發蔭的見解

聾庵柳壽垣⑮在他的著作《迂書》〈論彈劾條〉中借用有趣的比喻說明風水之說不可信。有人問他，台諫的彈劾常常虛實難辨，你卻相信一個六院大察⑯的彈劾，你怎知它是否正確呢？對這樣一個問題，他的回答開頭如下：

我國台諫之語不可信，與風水師之說頗爲相似。風水師相看墓地，加以褒貶，人們卻很難判斷他們是否知曉地下吉凶。台諫多彈劾人之過錯或惡行，但如果不舉事實，自然難辨眞僞。因此只信風水之說者，必自招禍患，只信一個台諫的論斷，終會遺禍於世。

由此可見，他對風水之說極度不信任。

湛軒洪大容在他的《湛軒書》中用問答的形式具體指出了風水學說的虛妄不實。

地有地震，山有移動，原因何在？

地爲活物，脈絡經緯與人體相同，只是身軀龐大沉重，不能像人跑或移動罷了。因此，只要發生微小變動，人必定深感怪異，胡亂猜測是何災殃或祥瑞。實爲水火、風氣四處流動，一旦阻塞則發生地震，一旦過激，則相推移動，其勢如此。

上述內容清楚地表明他把土地看作了有機體。

地有溫泉和鹽井，原因何在？

太虛爲水精，太陽爲火精，地球爲水火之渣。若無水火，地不能動。土地運轉、定位、生育萬物，皆水火之力，溫泉與鹽井亦爲水火相撞所生。

那人死則葬，據說墓地不吉，風與火會招致災殃，可有此理乎？

水火風氣有運行之路，遇實則避，遇虛則聚。喪葬之事，如失其正道，災殃必至，骸骨或翻或轉或燃，甚至生蟲、腐爛、銷蝕，原因皆在於未得到安葬。

從上述內容來看，他不承認同氣感應論，而是認爲墓地棺槨之中任何事都有可能發生。

喪葬之時土質潔淨，水、火、風、蟲似乎也都不會有害，但後來移葬時打開墓穴，卻少有墓地仍舒適如初，這是爲何？

這問得很好。父母生時盡孝奉養，死後誠心安奉，父母遺留的文章或衣服尚且謹愼保管，畢恭畢敬，更何況遺骸乎？所謂墓地，即保管遺骸之處，豈敢不恭敬謹愼？

雖然如此，布帛、衣衾爲生時奉養之器，棺槨旌幡爲目視之美飾，入土便會腐爛，徒遺汚穢，只重視眼前所見之美而不思日後汚穢，可謂孝而智乎？

更何況虛則必引入它物，此地之理也。用釘封棺則必虛，衣被腐爛，則棺空虛，瀝青與灰石堅固，墓穴空虛。水、火、風、蟲皆因虛而生。嗚呼，保管父母遺骸，卻讓其內穿將腐之物，外則引風火而入，四肢百節燃盡而散，不能保存其身，豈能心快乎？

大抵土爲物之母、生之根本，綢緞不足以媲其美，明珠不足以比其潔。唯獨人之肉體居於濕地則病，錦衣近地則汙，故高貴之家以遠離泥土爲貴，鋪雙層席墊，以棚中鋪草席近土爲賤。

人浸於舊俗而忘本，臨終之時，憂殮襲之衣不厚，慮棺槨、灰石不堅，種種遠慮皆爲遠泥土。卻不知雖生死之道不同，貴賤之物不同，皆以黃爲正，溫暖潤澤、純美純潔莫貴於土，土實爲遺骸藏身之寶地。

故不修墓、不植樹爲太古之質樸，麻布包裹、無棺而葬爲達士之怪行，用火葬、積舍利建寶塔是佛家正法，以磚相圍、以瓦建棺是聖人中度之制。

那麼最上者爲火葬，其次爲裸葬，仍要修墳、植樹、壘磚、建棺乎？

恩師之葬以義理爲主，父母之葬以恩愛爲主。佛理斷恩愛而樹義理，中國之教屈義理而伸恩愛，但以裸葬王孫正風俗則過。

生於中國，自然有義，崇尚儉素，節制修飾，不忘根本。參酌時義，不隨俗習，永思父母之葬。既然平坡、高山皆爲福地，又有何風火之災？此爲人子者所應須知。

蓋成周世代崇文，禮樂文物過備，孟氏力排墨氏，責薄葬。然其論使棺過重，且須用明器，不可使土觸及父母肌膚，不無弊端。

據說宅兆吉凶與子孫禍福一氣相感，果有此理否？

湛軒對此的反駁既簡單明瞭又切中要害：

> 身受重刑之囚，被囚於獄中，身受之苦刻骨銘心，卻未聞其子因父受惡刑而身染惡疾，更何況死者魂魄乎？

儘管如此，所謂奇術本虛妄，原無此理，但人久已信以爲眞。如能聚精會神，由無及有，中人之技亦偶有天應。所謂衆口鑠金，積毀銷骨，此言有理。凡天文之祥瑞災難，占卜之吉凶，地術之禍福，皆此理也。

蔡季通遭流放時悔不該遷他人之墳，無端遷他人之墳，本該反省，但其所悔者只因輕信奸詐術法。

另外，紫陽朱熹的山陵議狀過分主張術家之言，卻因此語出於儒宗，台史不敢議論。故此奸詐之語風靡天下，訟獄沸騰，人心頹廢，弊端之甚，豈禪學事功可比？

如上所述，湛軒竟然不得不批判祖師朱熹之言，可見風水已經墮落到了極點。不過，他批判的不是風水的本質——天、地、人的和諧均衡。他曾說，山水靈氣聚而賢者出。

6. 李瀷對陰宅發蔭的見解

星湖極度蔑視風水之說，對其進行了辛辣的批判，以下內容即出自《星湖僿說》：

堪輿之術（指風水）日益盛行，認爲人之禍福全部繫於墳塚，迷信者竟修墳三、兩次，只因擔心吉凶因墳而起。近世某一宰臣爲全州府尹，因慶基殿附近群山爲民墓地已久，大大小小墳墓衆多，於是奏請遷墳，獲朝廷許可。府尹派下人一一調查墓穴吉凶與其子孫盛衰之實，發現富户墳墓未必吉，貧者墳墓未必凶。

他補充說這是當事者直接說的。

古時候，蔡西山⑮⑦善看風水，在軒杭生活了很久，子孫代代爲鄉閭領袖，人們說這是蔡西山選墓之福。但每次給鄉人選墓，吉凶卻不靈驗。後來，他被發配道州，有人贈詩說：

他家吉墓皆掘盡，
冤魂無處訴悲辛。
先生若有堯夫術，
何不早言道州行？

大概是因爲此前詹元善[158]曾舉薦他，說他學到了邵康節[159]之學，眞令人忍俊不禁。

星湖還把批判的矛頭指向了風水的最高經典《青烏經》和《錦囊經》：

羅大經[160]在其《鶴林玉露》中論說堪輿，言郭璞所謂本骸氣盡遺體受陰德之論不通。銅山傾於西而靈鐘響於東，山上栗樹逢春，屋內栗子發芽，正是火氣互相感應所致。如今枯骨腐爛，不知痛癢，經過多年，變爲塵土四處飄零，豈可與生存者感覺相通，成就禍福？羅氏所言，意雖正而語不確。

假設山上的栗樹不逢春，栗子則不在屋內發芽乎？斧砍或火燒，使栗樹根與枝一個不留，那氣候一到，屋裏儲藏之栗可否發芽？銅山與靈鐘與此同理。此句皆出自《青烏經》，爲地理術法宗脈，據吾看來，只是空洞不實之論，可惜羅氏之辯尚有不足。

這段論述，雖然將《青烏經》與《錦囊經》混爲了一談，但其見解可謂一針見血。在談論『胞胎十二神方位法』和『五行長生方位法』時，星湖相當具體地指出了問題所在，表現出半信半疑的態度：

吾曾參考周禮大司樂之鐘閭定六合、三合之論及先後甲、先後庚之論，思考堪輿家之胞胎法與正祿法。

凡天干地支者，各爲十二位，合爲二十四位。近來人常把天干加於地支之上，占卜生、破。地支本有定法，天干應另有安排。因此，以巽、庚、癸爲金局，坤、壬、乙爲水局，乾、甲、丁爲木局，艮、丙、辛爲火局。

據吾看來，水只可配，不可分，山只可分，不可配。故二物（山與水）形象交叉，陰陽相合，才會元氣融和，產生變化。而且水氣下行，山氣上行，如果兩者皆下行，則不能產生任何造化。

其中道理非常簡單，近水低，近山高，須以此理定局。但不知爲何，今世術數家皆反其道而行。吾友某某言，有一本地理新書新近從中國傳入，信其說者皆棄以前以坐向爲主的觀點，改爲以朝向爲主，幸好與吾之想法偶然相符。不知是否果眞如此。

星湖對鬼神也做過有趣的解釋，儘管與風水之說沒有直接的關係，現也將其全文介紹如下：

程子言，鬼神爲造化之跡。造化出於鬼神，如風雖動卻不能見，由動之跡可推而知風，憑其跡卻不能完全識其物。經說，鬼神之德至極，與造化成德之語相通，或許造化即爲鬼神之跡。

橫渠言，二氣良能。朱子言：程子之語不如橫渠之語。吾把二氣看作陰陽，鬼爲陰之靈，神爲陽之靈，自然如此。故稱爲良能，鬼神爲其名，良能言其德。

橫渠又說，因其獨一無二，故爲神。因有二，故言不測。氣有陰陽，故爲二。一陰一陽，出於造化，既廣闊又隱微，既精密、相合，又毫無相違之處，故不可測。然一陰一陽成於一氣之往來，故稱爲神。朱子言，伸爲神，屈爲鬼，合之則鬼包於神中，因此爲一。

二氣氤氳，理爲主，故毫無相違之處，二者存且能爲一。朱子又以甘薯爲喻，稱其香氣爲神，汁液爲鬼，此即魂魄之說。

7. 楚亭朴齊家對陰宅發蔭的見解

楚亭⑯把風水看作異端，他一口斷定，韓國只盛行正統之學，幾乎沒有異端邪說，只有一個例外，就是風水。他認爲風水比佛教或老子學說流毒更深，他描述了當時人們如何醉心其中，說腰插羅盤的人即使走千里路也不帶糧食，特別是全羅道一帶更甚，十戶中有九人是風水師，甚至拿父母的白骨卜算運氣的好壞，用心可惡。他對風水的看法並非主要針對風水本身，而重點在於指出其社會弊端。現在我們看一下他的《北學議》中的幾條內容。

搶奪他人的墓地，砸碎別人的喪輿，絕非好事。祭祀墓地，比誰祭辦得更爲盛大也非正禮。耗盡全部家產，卻不收拾骸骨，做出許多非法之事，卻指望僥倖成功，此風之盛確實一言難盡。百姓不能安心生活，訟事頻繁發生，皆爲風水師之責。

從種種跡象來看，楚亭相當理性地認識到地下發生的事情，認爲逃屍穴現象完全可能發生，絕非什麼神秘的事情。

他解釋道，現在人們遷墳時，有人說發現墓穴中有進水的痕跡，有人說發現了穀物外殼，有人說棺木翻過來了，有人說屍體不見了，無不稱奇，卻全然不知這是地下常有之事，與禍福毫無關係。他的這些話完全正確，屍體從墳中消失的現象是完全可以解釋的，風水上稱這種現象爲逃屍穴。

所謂逃屍穴，指屍體翻轉或遺骨散開，棺木方向改變，甚至棺木本身不見了。後來要遷墳，挖開墓穴一看，屍體已經無影無蹤，只有一個空蕩蕩的洞穴留在那裏。其理論是，天德方如果空虛，屍體就會翻轉，乙、辛、丁、癸方如果凹陷，遺骨會散開，辰、戌、丑、未脈如果不能與乾、坤、亙、巽相遇，屍體就會移到其他地方。

尋找逃屍的方法據說是將龍、坐、得、破之數相加除以五，如果餘一，到壬、子方六步處尋找，如果餘二，到丙、午方十四步處尋找，如果餘三，到甲、卯、乙方二十四步處尋找，如果餘四，到庚、酉、辛方三十六步處尋找，如果被五除盡，就到辰、戌、丑、未方五十步處尋找，等等。這種方法不但煩瑣，而且找到屍體的概率相當低。

此外有一個簡單易行的方法，就是利用地形學的所謂 mass wasting 現象中的土壤匍行理論。所謂土壤匍行，是指風化層的最上部即土壤層中岩石與岩屑發生移動，因爲速度非常緩慢，用肉眼無法觀察到，只能通過結果知道這一過程發生在斜坡上。

土壤匍行在包括溫帶濕潤地區在內的各種氣候帶普遍發生，在季節氣候變動大的地區最爲頻繁。

土壤凍後再解凍，或者濕了後又變乾，膨脹和收縮反覆發生。土壤膨脹的時候，岩屑四面受力，向直角方向翹起，收縮的時候在水平面向直角方向下垂。因此，每次土壤反覆膨脹、收縮的時候，岩屑就從四面向下方稍微移動，如果動物在四面打洞或踩土，植物生長或腐敗，或者發生地震，土壤會鬆動，岩屑向下移動。

土壤匍行中，岩屑的移動速度與四面傾斜度的增加成正比，每年的幅度從一毫米以下到數釐米不等，而且匍行速度從地表向下減少，深度不足一米的表層受匍行的影響最大，如果電線桿或樹木從四面向下方傾斜，就是因爲隨著深度增加，匍行速度減少。

土壤匍行有效產生的最佳傾斜度是五度。除了傾斜度之外，物質的結構也對匍行產生影響。粘土含量多的土壤雨後膨脹多，移動得更快。植被起固定岩屑的作用，所以植被不好的地區匍行更爲活躍。草地等根系不深，阻力很小，和匍行的岩屑或土壤一起移動。

匍行岩屑的內部結構緩慢地、集體性地發生改變，它們移動起來，就像一塊粘性很大的物質流動下去，因此屬於流動性移動。

斜坡上的個別石塊發生移動的過程與土壤匍行類似，稱爲岩石移動。石塊底部生長的霜柱是引起岩石匍行的主要因素。

土壤匍行現象在韓國各地發生，而且可以在任何傾斜度爲五度左右的斜坡上發生。由此看來，很多墳墓很可能會變成沒有屍體的空墳。

暮春降雨時，山體四周的橫斷面上有時會斜聳起一口舊棺木。這種觸目驚心的場面之所以出現，是因爲棺木離開了逃屍穴，在移動的過程中現身於橫斷面。

這種移動速度非常緩慢，人們只能通過電線桿或石碑等斜立於斜坡等現象發現。不過，一旦發現證據，就可以斷定這一現象正在發生。因此，任何人都能輕而易舉地找到這種地方。楚亭能夠從容地記述這一現象，或許因爲他已洞察到其本質。

關於墓地陰德的問題，楚亭表示出懷疑的態度：

彼泉壤浩渺之處，遊動之氣時消時長，物之變化、糾結無窮。今富貴之家不發祖上之塚而已，若發，亦定有憂也。貧困無後之家，若發塚，亦時有所謂吉氣聚而不散。古書言，古不築墓。大抵地上之人，皆疑地下之事，豈知天下怎能有萬全之墓？

但是，這是孝子仁人必然思考的問題。

楚亭還強調指出陰宅發福虛妄不實：

彼不用埋葬而用水葬、火葬、鳥葬、懸棺葬之國，亦有人倫、君臣。故壽夭、吉凶、興亡、貧富皆爲天道自然，與人之行無關，不可與葬地吉凶並論。

若觀中國之野，皆葬於田中，田野遼闊無際，突起之處相類，本無青龍、白虎、砂格、眞穴之物。試令我國地師來此選墓，平時所學定要全部棄之。故葬事，不可以一論之。

今論四柱者，將天下事皆歸之於四柱；談相法者，將天下事皆歸之於相法；巫，皆歸之於巫術；風水師，皆歸之於墓地。方術無不如此。以一人之事，究竟該託付於何人？由此可知左道之不可信。

不但如此，他還提出了類似公墓制度的建議：

有識者若任要職，當焚風水之書，禁風水之業，使百姓知吉凶禍福與葬無關。然後在各邑擇一地，使百姓明其氏族來歷，同族者葬於一地，如中國北邙山之制。若本邑無適當之地，可於鄰邑百里內選定。不選葬期，於下棺處壘灰石，詳備碑石、志石。如此以來，士大夫因墓地不睦之事自會絕跡，富者墓地過廣之事輕易可禁。

最重要的是，他在隱然之中把墮落的僞風水與眞正的地理區別開來了。他說：

君主建國後，欲建都邑，必觀群山環抱、車船便於雲集之地及天下形勢而定。《詩經》中有觀坡地、濕地而選陰陽之語，即指地之形。古人不知地理乃指景色、地勢俱佳之地，非指禍福也。大抵風水說之不實，古今名儒已有詳述，絕非新論。

自從人類開始認知，再經過一個理論化的過程，對土地的認識最終發展成爲風水地理。當然，我們確實受益於中國的風水理論，但大體來說，韓國的風水思想是本國自生風水地理的體系化。

隨著王權得到鞏固，神秘的風水與合理的地理開始分離，風水走上了日益墮落的道路。朝鮮初期，風水地理又曾回歸一體，但只是曇花一現，此後其分化的趨勢進一步加快。本文的目的就是研究朝鮮後期實學者如何看待這一問題。

筆者假設當時實學者身上仍保存著風水地理的雙重性，這在本文中得到了證實。儘管他們的地理學水平不高，尙且不能從風水地理中把風水和地理區分開來，但筆者堅信，由於切身體會到風水已經墮落爲一種自私的風俗，他們試圖把它剝離掉。不過，這使他們形成了令自身深感困惑的雙重心理結構。從某一方面而言，他們之所以嚴厲批判當時墮落的風水，或許是爲了恢復風水的本質——維持人與土地和諧關係，恢復風水的本來面貌。

他們在關於國土問題的爭論中使用了風水的用語和論據，但實際主張卻極爲現實。他們雖然沒有清楚地意識到，但已經開始把風水和地理分開使用，爭論的焦點也主要集中在如何認識風水原理的實用性上。對他們而言，所謂現實性不同於實證主義的合理性。因爲他們覺得，在認識現實方面，這種合理性與非實證的各種經驗、情況及趨勢綜合地發揮作用。更明確地說，他們對於地理的認識處於風水與地理的混合狀態，但地理並非都是理性的，風水並非都是非理性的，關鍵在於它在現實生活中具有何種意義。

他們精通風水，但他們所理解的風水似乎並非墮落的旁支，反倒接近本質的風水地理。但是，他們從中抽掉了氣的概念，犯下了從風水地理中抽掉風水的錯誤。他們竭力批判的是不配稱爲風水的墮落、淺薄、自私的僞風水，因此他們反而像是發動了一場倡議回歸風水本質的運動。

第三節　須敬畏之物

1. 如此相地

以前，孩子們經常抓土吃，卻幾乎不曾因此拉過肚子或生病，反倒是肚子不好的人如果吃的土對症，能夠治好病。鄉村院子裏養的雞啊狗的，要是得了病，就不吃不喝，選個合適的地方刨刨土爬下，偶爾吃點兒土，後來病就好了。

這些例子說明，如風土思想指出的那樣，地有生氣，拉肚子的孩子和得病的家禽靠這種力量恢復了健康。如果眞是這樣，那吃點兒土也無妨，對土地也沒有什麼危害。

這種觀點不只存在於韓國等東方國家，在西方某些地方，人們也相信被稱爲地方神 genius loci 或 plenum 的地靈存在，認爲他們與健康或繁榮有關。

比如說，埃及寺院的聖室被用作夢療場所，進行所謂『孵化』治療。患者虔誠地沐浴更衣，謹守禁忌，然後在那裏睡上一覺。由於該地地靈的作用，就能在夢中得到治療或關於治療方法的啓示。

聖域在希臘語中是 hieros temenes，在拉丁語中是 templum。聖域與俗世之間由樹林、泉水、聖水或山頂等特殊的景觀隔開。聖域內的環境保存著自然狀態，因爲地靈的存在本身就是對環境品質的肯定。某些聖域的地靈還是患者祈求治癒疾病的祈禱對象。現代醫學證實，那些地方特別適合治療呼吸系統疾病。關於這一點，希波克拉底曾指出，不同的地方可能對某種疾病有利或有害，他還告誡人們在城市建設方面遵循這一原則。

新墨西哥一個奇異的治療地區艾爾桑圖阿里奧戴齊馬耀建了一座西班牙裔教堂，這裏本來是一處聖地，土著居民曾用該地的泥土治病療疾。總之，凡此種種在西方也數不勝數，筆者已經另外撰文，在此省略。

問題不在於依靠地氣治病或吃土治療腹疾，而在於有人妄圖佔據整片土地。土地的主人到底是誰？人類何曾創造過土地？土地就在那裏，隨便說它屬於金家或李家，就果眞如此了嗎？正如空中的太陽和月亮不爲任何目的升升落落，土地也不因任何目的屬於某人，風水上稱這一點爲土地的公義性。它是指土地就像季節變換，天空星星閃耀，不受任何私情的束縛，坦然地存在，這其實正是『自然』一語的本意。

人們如果遵照公義和自然生活，又何須畏懼呢？偏偏人不能如此，因此製造出許多無謂的禁忌和律條，將其奉爲敬畏的對象，這就是文明的人。簡言之，貪欲製造出恐懼。下面筆者想談一下風水中忌諱何種形態的山與地。

風水師認爲，吉地也不可能完美無缺。一位名爲蔡牧堂[162]的地理學者指出，所謂缺點，並不明明白白地擺在那裏。天地的奇妙之處就在於普施恩德，讓世人無法輕易發現福與禍、賢與淫。因此，天地造化也不會創造出完美的結果，聖人也不能全知全能。天傾西北，地陷東南，這就是佛家所言的有缺陷的世界。

其實何止如此，孟子未能登上諸侯之位，顏回未能壽終正寢，子路、子貢年輕時也難免貧賤，世間無人可以獲得全部福佑。土地又怎能完美無缺呢？有的龍眞而穴劣，有的龍、穴皆美而砂、水欠缺。總之，沒有什麼盡善盡美之地，這是天地萬物之常理。如果要在現實世界裏尋找十全十美的地方，注定不能成功。

這些話很對，如果非要貪心尋找完美無缺的吉地，把遷墳當成家常便飯，或者爲了讓家宅符合陽宅風水的原理，隨隨便便地拆了建，建了拆，是違背天道之舉，又怎會得到地利？又怎能符合人道呢？鄰居無米下炊，自己卻爲求地福，把好端端的家拆掉，大家肯定會說這樣的人是瘋子。不過，很多人並不知道自己就是這種人，他們不是在這個世界而是去陰間尋找盡善盡美的寶地。

世上很多人不知道修飾墓地對土地危害多大，而樂此不疲，甚至到了喪心病狂的地步。卜應天說，地有餘，故當開則開。山不足，故當補則補。郭璞說，人取地，爲順全避缺，故增高益下。蔡牧堂言，山川融結在於天，山川裁成在於人。

地不足而補，是指可以增加，卻不要破壞自然。貴重的寶石應該交給手藝高超的工匠，價值連城的盔甲不屬於平庸的戰將。一些人既不是好工匠，也不是名將，卻肆意曲解世間的風水，令人不忍卒睹。

相地之事必須由智者來做，不可讓那些只顧追求完美的無知者隨意插手，致使到處亂拆亂建。有人毫無必要地築起圍牆，挖出深池，破壞了景觀；有人豎起望柱石和石人、石獸，壓制了地氣；有人還建起亭子，修起毫無用途的道路，把亡人的安息之地變成了鬧市，還傻乎乎地拍手叫好。這就是花錢招禍。

無論是陰宅還是陽宅，如果有缺陷，可以增補，但拆毀時卻要慎重。朱子說，在祖先之墓附近刨挖，會損傷龍脈，洩漏地氣，招致凶禍。廖金精附加說明道，挖鑿來龍，最爲可惡，必會消磨地氣。穴前挖池爲一禁忌，須仔細察看，如確實不能避，方可行。不應修高墳塋，使其高如王陵，否則災禍臨頭，無處可逃。明堂周邊以潔淨爲上，草地以外皆爲弊，有不如無。雖說他們都是講有關墓地的事宜，但我們有必要進行更深、更廣的闡釋，因爲他們不但談論了所有土地的品性，還明確指出任何破壞土地的行爲都違背地理。

土地無僞，也不懂恕道。它深厚廣闊，具有無限的包容力，幾乎什麼都可以包容。但是，我們應該銘記，如果超越了某一個限度，土地會無情地予以懲罰。懲罰的對象也不只限於實施行爲的某個人，而是針對整個人類。因此，破壞土地和自然的行爲不僅違背天道和地理，也是對全人類犯罪。

2.地理言人事

其實，風水最重視的是和諧，但這並不意味著均衡，在自然狀態下，不可能事先眞正的均衡。就拿人的面部來說，從大處看似乎是均衡的，但仔細觀察一下，就會立刻發現並非如此。兩隻眼睛的大小不同，兩個鼻孔的大小不同，嘴唇也有點兒斜。儘管如此，從遠處看來似乎是均衡的，這就是和諧。風水擔心的不是不均衡，而是不合諧。如果因爲左眼比右眼小，就做個手術，讓左眼更大一些，也許能實現均衡，卻會造成極度的不合諧。人類對自然的破壞與此同理。

風水從勘察山形開始就注意大自然是否和諧，山是有生命的，其中生氣流動，因此人們把山稱爲龍。人們依賴龍，吸納它的生氣生存。風水思想認爲，如果龍擺出擁人入懷這種姿勢，就是達到了和諧，人身在其中，可以享有幸福的生活。如果龍扭曲身子，拒絕人，就不合諧，是風水師忌諱之地。下面來看一下與此有關的龍的姿態。看山時，首先要確定那條山龍是面對，還是背對著自己，這就是龍的正與背。換言之，龍的正與背用來區分山龍有情還是無情。所謂背，即背轉過去，這是無情的龍。人如果依靠這種龍，山龍與人氣不合，人就會禍事臨頭。所謂正面，是指臉，就是山深情地凝望著人，是和諧的寶地。所以，我們應該尋找面朝自己的龍。山龍的臉面所在之處綻放著美麗的光彩，姿態端莊、優雅，而且深情款款。背對的山龍則使人驚懼，讓人覺得粗魯、醜陋。

《玉髓經》上說，就像人有背面和正面一樣，地也如此，因此我們必須瞭解土地的正面與背面，才能相應地做出補救。就人而言，對我們溫情脈脈的人可能給我們帶來幸福，而對我們心懷厭惡的人只能帶來禍患。筆者已多次強調，土地有生命，山與人相同。只有會看山的姿態，聽懂山的言語，才有資格談論地理。接納祖山的精氣綿延而來的龍也是有生命的，所以會呈現各種姿勢。採用藏風法，可以判斷順著山脈綿延而來的山龍是否做好了迎接人的姿勢。觀察龍的有情、無情是藏風法的基礎，知道了這一點，就意味著可以和龍進行溝通。

龍還包括迎的山和送的山，當然也必須和諧。蔡牧堂說，所謂地理，與人事相近。人之性情不一，然向背之道分明，向吾者定有周旋結交之意，背吾者定會厭棄不顧。

儘管態度可以暫時僞裝，但那不能長久。對方必須如君臣相依、夫婦相愛、兄弟相親一樣，向自己付出感情。只看面部的人容易被欺騙，看重情感的人才能瞭解眞相，對山也是如此，其本質不在於外表，而在於情感。

比如說，一座秀麗的山峰挺立在面前，看起來含情脈脈，但可能不是主人，而是客人。陸象山說，月升於西而明於東，雲起於天而暗於地。我們應該充分理解這句話。不過，如果過於多情，呈現出阿諛逢迎之勢，也不行，因爲有情與阿諛截然不同。

綜上所述，明堂如果像主人一樣堂堂正正而且脈脈含情，人們就可以依靠它開拓生活。綿延而來的山龍結穴，青龍、白虎環繞穴處，前方近處有書案一樣的案山，如果遠處有朋友般端正的朝山護佑則更佳。如果地方大，可以建成一座大城市，一般規模則可以成爲一個村落，規模小可以做墓地。應該忌諱被阻塞、遭脅迫或傾斜的明堂。

明堂裏如果有破碎石塊也不吉，特別是曠野中的明堂容易看走眼，需要加倍小心。這種明堂內部空虛，極其凶險，卻容易被誤認爲是容納千軍萬馬的寶地。貪欲驅使人選擇這種地方，這不是土地欺騙人，而是人被貪欲蒙住了眼睛。

3. 水與大自然的復生

吉利的明堂必須有泉水，《人子須知》列舉了泉水的種類。首先，所謂佳泉，必須味道甘冽，色澤清澈，散發著清香，攪拌也不變渾，一年四季水量不變，夏涼冬暖，則爲上上之選，這叫做眞應水。陽宅中如果常飲此水，就會富貴長壽，喜事不斷。今天，我們卻只能飲用被各種廢水汚染的骯髒河水，對這種水連想也不能想。不過歸根結柢，水汚染的罪魁禍首還是人的貪欲，也算自作自受。

還有一種冷漿泉，味淡色渾，有腥氣，又稱泥水泉。這種水不能用於灌溉，也不能用於洗漱，更不能飲用，甚爲可懼，是龍氣萎縮、地脈洩漏所致。這種泉水夏季漫溢，秋冬枯竭。陽宅中如果飲用此水，則不僅家境貧困，而且飽受各種疾病的折磨，終至短命而亡。

此外，還有一種醴泉，味道甘冽，是聖王之德感動神物所成，長期飲用可以益壽延年。古人云，聖人之德，上及天，下及地，賜醴泉水飲，就是指的這種泉水。

風水稱溫泉爲湯泉，古人認爲，湯泉是因爲水底有硫磺，所以水會沸騰，這個觀點基本正確。由於旺盛的龍氣融化成泉水，泉水沸騰使龍氣散發，因此這種地方不能結穴。楊筠松等就告誡人們不要在湯泉所在地尋找吉地。

所謂礦泉，是指底下有金屬礦，上有泉水湧出。泉水呈紅色，所以又稱紅泉。龍之氣脈凝結於礦石，然後隨著泉水流出時被染紅。因爲總有一天金屬礦會被開採，所以這種地方即便地形很好，也不能使用。另外，也有人說，氣一旦凝於礦石，就不能在別處結氣穴。礦石就是礦物資源，如果結合現在礦區的生活情況考慮，我們會覺得此言不虛。還有一種銅泉，與此相似，因其色如膽汁，也稱膽泉。龍脈的旺盛之氣會聚於此泉，而普通人的氣很一般，因此不能在此結穴。

噴泉是水從地下或岩石中噴出，有時噴湧一陣後停止，有時噴出白色泡沫。這種泉水表示地氣洩漏，雖然可以成爲名勝之地，卻不能結穴。

所謂沒泉，是指從地下滲出的泉。因爲地下有洞與其他地方相通，這裏的水流到他處，所以不見水流，自然不可能結穴。

所謂黃泉，是指向地下滲漏的泉。如果雨水多，水就上漲，如果雨停，泉水立即滲入地下，經常枯涸。風水上認爲，這種泉水如隨風飛舞的沙礫，徒然消耗龍氣。這種地方不能受力，踩一脚就會留下脚印，坑深而水向下流，所以又稱水落黃泉，不能使用。

漏泉是指泉水漸漸滲漏，這種地方龍氣衰弱，不能結穴。

冷泉是指青色、陰冷的泉水流出之地，也屬於應畏懼之地。

龍湫泉據說是產生蛟龍的泉水，每逢旱時在這裏祈雨，就會降下甘霖。因這種地方陰氣太盛，不能結穴。

最後應該指出的是，瀑布也不是生者或死者適合居住的地方，因爲雷鳴般的水聲連續不斷。幽深的地方可以成爲神仙遊玩之地，如果僅憑成仙的貪心選擇這種地方居住，反倒會被瀑布的氣所壓制，易流露狂態，應該特別小心。最近，人們熱衷於在景觀秀麗的地方建什麼賓館、度假村，其實這種地方只能短暫停留、觀賞，絕對不能長期居住。因爲這種地方大多爲風水悲愁之地，對此筆者將另文細述。總之，人們只是貪婪地妄想獨佔景色秀麗的地方，卻不知過多的欲望最終將招致自身的滅亡。

根據風水的這一原則，長長的白沙灘、寂靜的海邊也不適合居住，在清冷的月色映照之下，聽著如半夜嚎哭的波濤聲，吸納著極度陰冷之氣，在外表看來，也許很有韻致，但從地氣來看，卻好比自掘墳墓。在這種景色優美的地方擁有別墅的人應該立即搬走，讓自然恢復原貌，否則貪欲會毀了他們自己。

那麼，面對土地，人類應該畏懼什麼？一句話，就是佔有欲。風水在不斷地警告人們，對土地不要有過分的佔有欲，教導我們和諧絕非土地形態的和諧，而要更重視心靈的和諧，和諧的心靈才能找得和諧的土地。

放眼現今的土地，還有些什麼？只能看到人類的貪欲在土地上留下的骯髒痕跡。爲什麼要汚染土地呢？也是因爲貪欲，貪欲毀了土地，在被毀的土地上風水失去了立足之地，最終土地和風水都被人毀之一旦。

宋代著名的地理學家胡舜臣指出，山巍然不動，屬陰；水流動不停，屬陽。陰以體常爲道，陽以變化爲主。因此，人的吉凶禍福受水的影響更大。他還說，以山喻人，則爲形體，以水喻人，則如血脈。人體的生長、壯大、衰弱受血脈的影響更大。血脈調和，人則健康，如果失度，則會染病而亡。此爲自然之理。

今天的土地又如何呢？山失去了形體之度，變得支離破碎，水已死去，血脈乾枯，早已喪失主體的地位。這已經不僅僅是不正常，而是到了完全失去節制的地步。如果現在還不讓山川恢復生機，正如胡舜臣所預言的那樣，人類必然難免染病而亡的悲慘結局。我們應該謹記，恢復生機的唯一方法就是人類拋棄對土地的貪欲，貪欲就是面對土地我們應該警戒的敵人。

第四章

從風水的角度看環境問題

第一節　風水末世論

1. 風土與回憶

如今我才年屆不惑，卻奢談什麼回憶，不禁自覺羞愧。但是，因爲我的專業是韓民族的傳統地理思想——風水，要勘查很多地方，所以更多地感受到了風土對我們的心理產生的影響。

望著白雪皚皚的山野，我常常思考一些歷史問題，或者俯視黃昏時分山脚下炊煙冉冉的山村，回憶起自己的故鄉。我屢屢跟學生強調，不要以爲眼前的景象只是視覺現象，要弄清它的精神意義，但看來這些話收效不大。望著蔚津佛影溪、寧越淤屯谷、旌善如畫石等秀麗風光，人們卻仍不能全身心地融入明媚的大自然，那些努力想忘記的生活記憶依然盤繞心頭。對人的這種特性，我們該做何解釋呢？

立春一過，田野上開始瀰漫泥土的氣息，我想起了去世的父親。父親曾經營過果園，每至初春，嚴寒退去，他就外出尋找新地，年年如此。那時候還沒有什麼土地投機之類，我多次聽周圍的人說父親經常搬遷桃園只能虧本。我當時才十多歲，對父親的行爲實在無法理解。

直至我研究生畢業，又從軍隊復了員，父親仍一如既往。後來，我在大學裏謀得一個教師的職位，到那裏去工作，年邁的父親才放下了那份工作。我在全北大學工作期間，曾對父親說，想辭掉大學的工作，一邊經營果園，一邊學自己想學的東西。那是個和煦的春日，桃花盛開，我正和父親在全州近郊一個果園散步。兒子的幼稚和輕率並沒讓走在前面的父親停下脚步，他只說了一句，學的那些東西不是可惜了嗎？就徹底打消了我從大學教師改行經營果園的念頭。父親並未責斥我，但他的話深深地打動了我的心，讓我感到不必再做這種考慮了。

從那時起，過了一個月左右，父親突然去世了，他是在吃晚飯後去世的。當時我在全州，父親臨終時沒能守在身邊。每當想到自己的不孝，我就對人爲什麼活著產生懷疑。從此以後，每當我走在初春彌漫著泥土氣息的田野上，就會想起父親，全身像被抽空了一樣，內心湧動著渴望離開的衝動。但是卻不知道要去哪裏，想不起具體的地方，大概是渴望回到幼年吧。

走在暮色漸深的田野上，迎著涼爽卻不寒冷的清風，我感受到生命的元氣，卻爲什麼會突然想起去世的父親呢？是因爲人們常說生命那樣循環往復嗎？是不是我的心看到生與死在洋溢著泥土氣息的風中糾結盤旋呢？爲什麼我就想不起漢城呢？

我對漢城明明沒有任何記憶，卻非得強忍著在那裏繼續生活下去嗎？對此我多次產生過動搖，卻仍始終未能離開。難道是因爲缺少參與生活的勇氣嗎？但我對此很有信心。在學習風水的過程中，我一直決心要找一個風水好而且能留下美好回憶的歸宿，能夠常常望著土地，回憶著父親，同時無數次地提醒自己：生命與土地在一起，而並非在土地之上。

仔細翻看一下韓國風水史，我們會發現一個有趣的現象，就是每到非常時期，社會開始呈現末世的症狀，風水也開始走向墮落。如果達到極點，用現在的話說，就是到了革命時機成熟的時候，新王朝就誕生了。這種例子比比皆是，決非偶然，從三國時期至今，這種歷史不斷重現。

那近況如何呢？從風水的角度來看，現在當然已經是末世。土地只被看成是利用和佔有的對象，其嚴重程度甚至超過了末世，已經到了人類滅亡的邊緣。

在這種情況下，風水自身的墮落也達到了極點，無論它怎樣標榜不是自私的風俗，只是挑選吉利的墓地讓子孫後代得福，那都是自欺欺人。該如何應對這種情況呢？迄今爲止，儘管其目的是強調風水積極的一面，糾正墮落的地理觀和土地觀，但從結果來看，那些關於正統風水的文章實際上助長了墮落風水的流行。因此朋友們勸我乾脆封筆，也不無道理。

風水地理研究的是土地的原理，而靠給名門望族挑選墓地或宅地掙錢，打著風水的旗號詐騙不是眞正的風水。不過，對他們我們也無能爲力。人們誤以爲那種極度墮落的東西就是風水，大學教授又到處宣揚風水是民族智慧的結晶，應該發揚光大，人們怎能不信呢？

因此更加熱衷於選墓地和宅地。風水進而成爲一種藉口，成爲房地產投機和風水欺詐的幌子，該如何處理這種情況，有時確實讓人覺得很茫然。

據說，有人廉價購買了一處十餘萬平方米的低矮山丘，然後宣稱是風水寶地，兜售給醉心於風水的人賺錢。我眞心希望這是謠傳，但從如今的世態來看，這完全可能。

我不得不承認，無論自己的目的何在，也應該負起相當一部份責任，那就是誤導了一般民衆，犯了很大的錯誤。我們的本意是嚴厲批判並糾正墮落的風水，卻事與願違，造成了墮落風水的盛行。因此，我想警告那些藉風水將土地和風水引入歧途者：如果違背了土地的法則，老天不會坐視不管，這樣的人在不久的將來一定會災難臨頭。

我們之所以在大學裏研究風水，基於兩個明確的事實。首先，現在的地理學過度依賴於引進、適用和闡釋西方的東西，以致我們主要從功能上來認識國土，將國土當成了片面的認識對象。我們希望通過風水思想改變這一現狀。此外，現在空間結構本身將人排除在外，爲了實現發展經濟、開發國土等目標，錯誤地做出非人性化的地區結構規劃，不禁讓人懷疑到底爲誰開發、爲什麼發展。爲了解決這一問題，我們重新提出了風水思想。

爲實現這一目標，首先就要對風水本身進行研究。做爲其中的一環，陰宅由於地區範圍小、事例研究相對容易，被選爲首先研究的對象，但它不能成爲目的。在風水中，挑選生者居住的陽宅與挑選死者居住的陰宅原理相同，陽宅與陰宅的不同之處只是在於生者活動，宅地應該大些，死者不動，宅地可以小些，此外二者完全相同。希望大家不要誤以爲本書所講的與將來要講的內容只限於陰宅。

問題在於墓地的地氣。墳墓所在之處確實對後代有影響，但如果過度強調這一點，會使生者更加樂此不疲，窮人購買十來平方米的土地都很困難，怎還有餘力挑挑揀揀呢？因此，筆者爲此感到非常矛盾。如果強調陰宅風水，就會助長風水的墮落，如果說那是謬論，事實又並非如此。

墓地選得好，就能搖身一變，成爲名門望族，墓地選得不好，就會家破人亡。這些話人人耳熟能詳。而外國語大學德文系講師金科圭先生的來信卻提出了一個有趣的觀點：他在德國留學時，在某次研討會上聽到基爾大學地理學系的一個教授說，基督教傳到歐洲之前，歐洲也有類似風水學說的信仰，現在在德國還能找到其殘存的痕跡。比如說，如果去各城市看看，你就會發現教堂做爲每個城市的中心，都位於該市最好的地方，從教堂主人的主教去世後，就埋在教堂的地下室裏，這就證明了這一點。

此外，金先生還說，現代西方人享有自由、平等的生活，或許跟他們死後都葬在教會的公墓有關。他推測，或許因爲西方人不再講究什麼風水寶地，福或禍就隨機地分攤到各個人身上，所以形成了一個平等的社會。此話言之有理。話雖如此，自己該對陰宅風水採取何種態度，仍然使我十分困惑。

讓我印象深刻的是,西方著名的中國學學者李約瑟（J.Needham）將地理學的傳統分爲兩類，一類是科學的、可計量的計量地理學，另一類是宗教性、象徵性的博物志。他認爲，人們對土地的認識側重於兩個方面，一是注重理性的記述與闡釋，另一種努力則與此相反，試圖把土地看成具有某種神秘力量的存在。二者相互依存，流傳至今。韓國的情況也與此相同，地志與地圖學爲其一，風水與圖讖爲其二。地志與地圖學屬於科學、計量學的範疇，風水和圖讖屬於宗教性、象徵性的範疇。

在傳統的風水書中，這也有據可查，是一種普遍的地理學分類方法。集風水之大成的風水書籍序文《繪圖足本地理大成山法全書》中有這樣的語句：地理之學有二，一爲地利之學，一爲地脈之學。所謂地利，察山川之險平，設村鎭，建國邦，彙道路、村落之遠近以易出入，審地之高低，挖溝鑿川，以利灌溉。所謂地脈，乃觀地之陰陽、流動，大則建都立邦，小則卜宅營葬，迎福瑞吉祥。故地利有功於百姓厚生，地脈掌管命運。

如此看來，無論東西古今，土地都具有既自相矛盾又相互依存的兩種性質。不過，大體而言，地利被認爲是科學的、合理的，受到尊重，地脈風水卻被看成是迷信，遭到冷遇。因此不管是在東方還是在西方，土地都走上了不和諧、不均衡、非人性的道路。

2.環境遭到破壞

《雪心賦》指出，地靈即土地的生命力孕育出人傑。今天，人們無視土地的生命力，甚至將其破壞殆盡，等於從根本上造成人才的凋敝。氣化爲形，如今土地死氣沉沉，自然無法期待它呈現出良好的形態。

不過，形與氣的關係並不單純。宋朝哲宗時期，僧侶司馬頭陀著《寓形論》，其中的〈達僧問答條〉中說：人言氣聚成形，氣隨形。此何言也？達僧答，凝聚成形之氣，爲一定不動之質也，隨形之氣，具生生不窮之妙也。由此可知形氣之密不可分、變化所成。故《葬書》言，有土則有氣。土成形，氣行其中而物生。

氣賦予人百骸九竅（體內所有的骨頭與眼睛、鼻子、嘴、耳朵等七竅及肛門、排尿口共九竅），形賦予土地萬水千山。因此，土地與人都有根本和隱顯，可以孕育生命，變化無窮，都同樣經歷生長、衰老和死亡。但土地遵循自然公理，不知空虛爲何物；人則被無謂的私情所困，時常感受到人生的虛妄，情緒的波動無休無止。所以，觀山與看人同理。如果人氣力衰弱，就不能行陰陽之交、雲雨之情，只能停止繁殖。山龍如果被破壞，也不能結穴。但如今，何處的山河尚未遭到破壞？我們怎能還希望天地創造出美好的事物。

衆山之處是眞穴，如今這種地方被建成了公園、集市，或者鏟平後建起了別墅、賓館。

衆水聚處是明堂，現在這種地方因爲工業用水充裕，建起了工業園，匯聚的都是工廠排出的廢水。這都被稱爲發展。風水寶地被鏟平了，明堂裏匯集著髒水，卻還奢談什麼地氣，難道這不是癡人說夢嗎？

《洞林秘訣》說，明堂若形似聚攏的掌心，則可富至以斗量金。但在這種地方，被汚染的空氣不易散去，不用說什麼明堂了，不成爲凶地已經是幸事。

這本書還說，如果泥土傾頹，則會神魂不安，草木凋零，旺氣漸衰。現在，在我們的土地上，開發致使泥土傾頹，酸雨導致樹木枯死，沒有一處是可以安身之地。不過，請注意，這裏我說的不僅僅是陰宅，生者的居所也與此同理，在土石坍塌、草木枯萎的地方，生者也會心神不安，身心俱疲，無法生活下去。

古代的地理家已經意識到，出現這種狀況，人類應該承擔責任。他們說，穴本天成，福由心造。人們貪圖安逸，養成了懶惰的壞習慣，爲了更加偷懶，就破壞土地，致使水源乾枯，因此不能怨天尤人，佔有土地或制訂土地使用政策的人應該好好反省。

地理之道即陰中求陽，陽中覓陰，最終目的是尋求陰陽和諧。陰陽交接時方可產生生氣，否則不是生氣，而是惡氣。

現在的土地特別是城市的土地裏到處瀰漫著殺氣、死氣、病氣、敗氣，沒有一處可以依靠、休憩之所。人之氣也隨之變化，所以意識不到世態已經嚴重到何種地步，不知這到底是幸還是不幸。如果能夠清醒地認識現狀，人們或許會昏厥過去，永遠不能復甦。土地和人都已極度疲憊，並開始相互荼毒。

一般人也有責任，但最大的問題在於制定國土開發規劃、城市計畫、土地使用計畫的人員不徹底勘查現場的土地。當然，他們的想法可能不一樣，認爲在工作中不必要非得感受地氣，或者他們也做社會調查，但是筆者說的勘查不是那種調查。認爲沒有必要的想法造成了很多問題，從某種角度來說，這是一個如何看待土地價值的問題。不過很清楚的一點是，先要看看那個地方是他們自己要居住，還是只做規劃，其餘全不相關，這無疑會決定規劃本身是否會發生重大變化。

所有的風水書籍都強調保持和諧和均衡，今天，規劃者們似乎並未完全喪失或無視這一點，問題在於他們制訂規劃時不瞭解現場，不從當地居民的立場出發。對他們來說，現場只是規劃的對象，應該充分發揮它的功能。

他們不生活在自己規劃的地方，至少在他們居住的地方實現了人爲的和諧，較高的收入水平使他們家境富裕，因此他們感受不到問題的迫切性，從而造成了這樣的後果。

《人子須知》中說，觀地者必須不避登山涉水之辛勞。吳景鸞的《望龍經》告誡求地者必須走遍所有的山巒。現在的規劃者不願付出這樣的辛勞，很多規劃只能是紙上談兵。

在規劃一塊土地的用途時，即便出於對土地的尊重，至少也應該勘查一下現場，此外還應悉心保護規劃可能影響到的周圍土地。對此，吳景鸞說，踏遍一方山水，分其祖宗枝幹，而後始得地。

風水上勘查土地，要先看後方的祖山、宗山，再審視要用的明堂之地，然後仔細察看左右的青龍、白虎和前方的案山、朝山。風水對土地能如此周到細心，現在的環境影響評估制度卻不給予土地如此隆重的待遇。無水之地談不上有什麼生氣，因爲龍無水不能生。現在從很遠之處就築起大壩，開出水路，向無水之龍供水。被攔起來的水稱爲死水，不吉，築起大壩蓄水後再放水，更違背了自然之道。身處安樂之中，違背自然之道，難免災禍臨頭。築起大壩的河流上游形成人工湖，人們稱附近城鎮爲湖畔城或湖畔畫中城等，讓人產生浪漫的幻想，實際上，以前世世代代一年到頭不見的大霧如今卻常常瀰漫，讓人呼吸不暢，導致呼吸系統的疾病頻繁發生。由於不能換水，河水腐敗，蛇失去了居所，乾脆來到了人家，有時竟然從被褥裏爬了出來。

安東地區大壩危害對策委員會曾提起行政訴訟，指出建設大壩引起環境變化，不僅直接、間接地誘發呼吸器官、關節、神經系統的疾病，而且致使農作物的結果期延遲，果實的糖度含量和色澤遭到重大損害。據這個委員會調查，大壩竣工後，這一地區的霧天從每年平均二十四天增加到七十天，有霜期從五十六天增加到九十六天，年平均氣溫從 11.4 攝氏度下降到 10.9 攝氏度，特別是大壩周圍地區濕度增加，形成了低氣壓性逆轉層，住宅、工廠、車輛等排放的污染物不能散發到空中，造成了極大的傷害。關於這一點，一部名爲《道法雙譚》的地理家書籍說，山川之形正如大樹。如果傷及根本，整株樹都會枯死；如果樹幹纖弱，不能承受枝幹重量，枝幹會折斷，不能結果。韓國的國土也與此同理，大江大河是樹幹、動脈，小溪、小河是毛細血管。現在，小河被阻塞，遭到污染，有些山異常肥沃，有些山卻瘦骨嶙峋，這就是國土發展上的不均衡。想像一下，這是一副多麼可怕的景象。

本應紮根的地下鋪上了柏油和預製板；水脈腐敗，水中含有很多化學物質，河道被堵塞得嚴嚴實實，河水無處可走；樹木主幹本來已經十分纖弱，卻爲了收穫更多的果實，拚命讓樹枝生長，造成嚴重失衡，一陣微風吹過，樹木就搖搖欲墜；東邊的高樓擋住了陽光，樹木爲了爭取更多的陽光，拚命朝西長，致使西邊的枝葉異常繁茂。恐怕全世界都很難看到這種嚴重的失衡。此外，酸雨導致整株樹木枯萎，酸性雪致使人們在冬季不能順利收藏農作物，即便是放射線輻射下造成的畸形樹也比這情形好些。如果按照《道法雙譚》的說法，把韓國看成一株大樹，審視現在的地相，竟然是如此一副慘澹景象。我們在這樣的國土上還能繼續生活，簡直是個奇蹟。

有人可能會說，進一步發展工業，積累國家財富，發展科學技術，就能解決這些問題。這種想法就如動手術挖掉贅肉，既違背自然法則，副作用也很大。那麼該如何解決這些問題呢？農業就像清除身上的污垢，合乎自然，沒有副作用。如果能繼續發展農業，可以提高土地再生能力和水的自我淨化能力，尙且有望起死回生。現在有人提出，韓國的農業與外國的大規模農業相比經濟效益太低，不如乾脆放棄，尋找新的出路。這些人應該認識到這種想法違背天道、地理，並做出深刻的反省。

如今的世界，只要能掙到錢，就可以不擇手段，其中最典型的事例莫過於土地，有人甚至挖下或者砍下山石出口賺錢。當然，風水上認爲石山不吉，但並不是說因此就可以破壞石山。世上萬物都有存在的理由，山上的每塊石頭都是大自然的造化，風水上只是說那種地方不適合人居住，並不是說那裏不好。

石頭如同山之骨骼，山石如果色澤明潤青白，則佳；如果嵯峨、破碎、焦枯、乾燥，呈黑色，則凶；被廢棄的破碎石山如剝光了肉的牛骨，醜陋無比。看著這種醜陋的石山，人們的心境又當如何呢？

廖金精在他的《五大乘氣論》中指出，石也有石氣。他列舉的五大乘氣就是山乘秀氣、石乘殺氣、坪乘積氣、水乘遺氣、泥乘生氣。

山乘秀氣，它端正、優雅、壯麗，脈絡清朗、細膩，有方有圓，有凸有凹。山不可無此氣。但如今，山一年到頭遭受人的戕害，還能有秀氣嗎？

石乘殺氣是指位於山窮水聚的入首處即穴之前後左右的筍狀突出物，必須渾圓、潔淨，使人精神振奮。現在環境都被污染了，哪裏還能尋得這種地方？

所謂積氣，是指平地上無凝聚或突起之處，旺盛的氣脈凝聚於地脈之中，如同水蛇在水中游動，如同黎明明暗相交。現在的土地都被重型設備修整過，已經無活脈可尋。

如果山勢雄健，來龍氣脈雄壯，能夠穿過河流，形成一個穴場，而且在河流交叉之處氣脈彙集，形成一眼泉水，這種地方就有遺氣，泉中可立穴。如今，即便走進深山老林，也很難找到這種地形了。

在平坦的田野中，如果地勢略微聳起，形成坡地，其中隱藏山川旺氣，這就是陰陽交接之地，不必畏懼八面來風。如今，氣脈遭到扼殺，這種地方恐怕也已不存在了。

3. 風水末世與重建居所的地理學

楊筠松在他的《怪穴賦》中準確地指出，土地的形勢和形態千姿百態，千變萬化，相看地形與相人同理。如前所述，像看待樹木一樣看待土地，是一種更爲簡便的方法。總之，這些都要求我們把土地看成生命體。西方也有一種學說名爲蓋亞（Gaia）理論，把整個地球看做活著的生命系統，不過這一思想與風水具有本質的不同。

綜上所述，筆者得出了一個結論：從二十世紀初韓國開始接受西方文明起，土地就被當做了利用和佔有的對象，在所謂開發、近代化的幌子下遭到屠戮，逐漸發生了質的變化。

人類戕害土地，土地反過來戕害人類，形成了一個互相傷害的惡性循環，而且，今天它已到了最後階段。不管人的生命多麼堅韌，肉體對環境的適應能力多麼強，都已達到了極限，風水上認爲的末世實際上已經到來。

這不僅是擁有風水傳統的韓國人面臨的問題，西方人近來也提出類似疑問。一位名爲吉姆斯休士頓的地理學者，把單純的建築結構空間和人性化的居住空間區分開來，對此他的解釋非常有趣。他說，在傳統社會裏，人們從個人、自然環境和文化三個角度賦予生活場所三重含義，現代技術高度發達，出現了整個地球被單一、人爲的文化同化的趨勢，居所做爲一個實體逐漸消失，取而代之的是職業決定人特徵的非人性化空間結構。儘管表述方式有所不同，但他的觀點和認識現實空間的思路與風水幾乎不謀而合。

哈威考克斯曾將城市的本質歸納爲匿名性、移動性以及不安的根源，這說明，人類在現代都市中的生活是外向性的，所有的行爲和思想都被同一化、標準化，機械主義支配一切，所有的現象都被認爲是一時性的，已經完成的都要被打破。這標誌著人的標準與價值已被技術官僚的命令消耗殆盡，人性成了無源之水，無根之木。在這樣的時代，一個人的價值由他的經濟收入和社會地位所決定，人已不再是人，而只是非人性空間中的一個機械零件而已。

地理學不應只滿足於地誌學的研究，而對至關重要的人類自身問題漠不關心，否則人類的本質和人類環境的不確實性將會引發地理思想的急劇變化。他們認爲，我們正站在一個十字路口，是只把地理學看成是一種空間科學而將對居所的探討排除在外，還是進一步發展地理學，開始探索富有意義的居所呢？如此看來，有遠見的西方學者已經意識到問題的嚴重性。

休士頓的主要觀點是這樣的：

他擺脫了把人類社會按意識形態分爲資本主義或社會主義的傳統方法，而是選擇了更爲本質的分類方法，將人類社會分爲機械技術化的與人性化的兩大類，居所的面貌反映出精神的面貌。這個世界的面貌就像一個大螢幕，上面描繪著人類的過去、現在以及未來的世界，隨著時間流逝，一去不復返；大地則像一張羊皮紙，上面反覆書寫著人類的需求與欲望、意義與貪婪、恐怖等等。

從生態學的角度來看，現在我們並非要談論面臨地球末日的危險、敏感的地殼現象，我們只是想談論希臘語中所說的 krisis（審判），這一審判反映出工業文明正在引發與大地物理環境的根本性衝突。

不言而喻，人類無限的欲望（人類甚至不能將它與自身適度的需求、必須滿足的最小、最基本的需求區分開來）迫使我們走上了與有限的生物界發生矛盾的道路，人類的貪欲永遠不能得到滿足，所以，破壞土地的科學技術能力及其造成的難以處理的垃圾之類問題，迅速超越了地球的自我淨化能力。從生態學的角度來看，人類並非和諧、美滿地生活在地球這一大家庭中。關於現在環境危機形成的原因，利恩懷特等學者歸咎於猶太——基督教的傳統，這樣的話，焦點就成了《聖經》如何看待土地和居所，在此略去不談。

從文化的角度來看，人類一直與人類以外的其他競爭對手展開爭奪土地等生活空間的鬥爭，而且一直在使用破壞性很強的武器。強國之間的勢力之爭、阿拉伯人與猶太人的激烈戰爭不只源於政治野心造成的壓力，還暗示存在著更爲危險的事態。所謂領土性，難道只是動物性的嗎？人類對土地的欲望難道是深遠而永恆的嗎？

這一問題促使我們進一步思考人類居所是否具有本體論意義。現代人類對於異化的認識具有何種宇宙論意義？爲什麼人類不能從屬於居所？就其本質而言，馬克思主義關於異化的闡釋是否只限於人類勞動，或者還有比這更深的含義？是否如依利奇所言，人類需要更具有娛樂性的工具？或者如舒馬赫所言，重建人性會成爲一劑良藥？如果以上種種方法都不能滿足人類渴望歸屬居所的根本欲望，更深層的方法是否就是綜合性地認識人類的精神？

地理學者們也被這一現代熱點問題所困擾，因此許多地理學者試圖用馬克思主義、人類主義、經驗主義思想解決這一問題。總之，不言自明的一點是居所不是單純的空間。居所不是單純的空間，這一命題既無法解釋，也不與其他任何東西相關，除了數學意義外，不具任何意義。但是，現在的技術官僚們卻熱衷於根本不存在的、只具有數學功能的空間，忘記了描繪地面形態的地圖來自於天上的觀察，即便韓國古代的地圖是靠脚畫出來的，西方的地圖卻完全是通過天上的觀察製作出來的。

與之相反，居所的概念帶有人的性質。例如，居所是個與歷史相關的空間概念，會使人們想起那片土地上發生過何種歷史事件，製造出過何種藝術品等。在那裏，人類事件的偶然與義務、記憶與感情交織在一起，充滿了與人類事件相關的記憶，可以感受到人類事件的缺憾。居所中包含著歸屬關係，確立人的本質，規定人的歸屬感，衡量人的命運。居所中充滿生命的記憶，爲人們指明根源與方向。

居所提供體現人類意志的人類特性，所以它不只是水平的，還是垂直的，因爲居所體現的人的價值、人的欲望具有垂直性。

這樣，我們的結論是，我們應該生活在單純的、非人性化的空間之中，還是生活在不可能準確計量的人性化居所之中？今天，人類熱衷於徹底破壞居所，將其轉變爲單純的空間，可謂愚蠢之至，即便如此，人們還堅持將這種瘋狂的行爲稱爲發展。西方地理學者主張重建居所，風水就是這樣一種地理學，將風水發揚光大的必要性即在於此。現在我們應該唾棄那種只爲自己的兒女過好日子挑選墓地的僞風水了，破壞了居所，我們的兒女還能過好日子嗎？絕對不可能。這也是風水的法則。

第二節 試析漢城放鶴洞銀杏樹所在地的風水

1. 銀杏樹所在地的來龍脈勢

本章將嘗試按風水的觀點分析一個具體的場所，分析對象為位於漢城道峰區放鶴三洞、樹齡達八百年的銀杏樹所在的盆地形地區。

如上章所述，人性化的居所與只強調經濟效益和功能的空間概念有所不同，風水上分析某地肯定不是探討單純的空間，而是研究該地區做為居所的特性，不將人性因素排除在外，不只把該地區看成一個包括上下班距離、購物距離、周邊學校、將來地價上升可能性等經濟與實用因素的空間，而是將它看做一處居所，將它看做身居其中可以心曠神怡的地方、朋友們游泳的地方、父親背著母親的棺材繞過村口的櫸樹過河的地方、壬辰倭亂時義兵佈陣斬殺日軍的地方、點秀母親不堪點秀父親的折磨以裙蒙面投水自殺致使那個池塘沒人敢去的地方，等等，做為居所，那裏無不滲透著人的痕跡和價值。這就是風水對土地的看法。

風水上認為，無論地方多麼狹小，也必須從祖山開始，按部就班地勘龍，察看充溢著生氣的龍脈是否自祖山綿延而至。如果龍脈中斷，那就是死龍，不能居住。如果龍脈失度或柔弱，就是病龍或弱龍，也不適合居住。風水最重要的出發點就是把土地看成有生命的有機體。

張子微在他的《玉髓經》中指出，地力之厚薄與福蔭之長短基本由是否屬於龍的枝幹而定。

長白山是韓國地氣的源泉及山脈地靈的發源地，並涵蓋漢城的要道，無異於漢城的來龍。地之精氣從長白山出發，沿著白頭大幹南下形成漢北正脈。它朝西南方延伸，高聳爲道峰山系的萬丈峰和五峰。從那裏再向東南延伸，在水逾里（也稱爲排洪道村、牛耳坡、牛耳地帶、牛耳嶺等）斷開。因此，此地爲形成漢城的鎮山北漢山起著束氣的作用。從這裏山脈再次聳起，形成了以仁壽峰、白雲台、國望峰等三座山峰爲主的三角山，也就是漢城的鎮山北漢山。

從此再經萬景台向南就形成了漢城的主山北嶽山，這是首都漢城的風水，似乎與此地關係不大，但實際上水逾里一帶就是它的束氣之處。

筆者將主山與鎮山的概念分開使用，也許讓人感到混亂，筆者之所以這樣做，也是因爲漢城是首都。藏風法注重選取聚氣之處，主山相當於玄武，是藏風中的四神砂之一。陽宅風水中認爲來龍脈節中高高聳立在穴後的山峰有鎮護村莊之意，所以稱之爲鎮山，也有人只因爲它位於穴後而稱之爲後山，並被後來的一些論文沿用，大概是受到了一九三一年出版的日本人村山智順的調查報告《朝鮮的風水》的影響。

這本書儘管只是一份調查報告，卻擁有衆多的讀者，甚至被翻譯成了韓國語。大概是因爲外國人寫其他國家的風俗，分析簡單明瞭，對晦澀難解的概念也做了大膽的省略。此書還有意誤導人們風水是挑選墓地的陰宅風水。筆者認爲，可能是這些原因使這本書容易被一般讀者接受，其實這本書問題很多。

《新增東國與地勝覽》與《擇里志》以及《東國與地備考》等書都認爲漢城的鎭山是三角山（北漢山），但其他文獻中把白嶽山（現在景福宮後的北嶽山）稱爲主山，造成了後來的混亂。

判門下府事⑯權仲和認爲，亥山（亥是風水中常用的二十四方位中的北北東方向，此處指位於這一方位的山脈）即北嶽山爲主山，並上奏請求坐壬朝丙，力陳北嶽是玄武、主山。世宗時期，在討論首都主山時，也是把白嶽山看做漢陽的主山。一個明確的事實就是，韓國傳統上一直認爲鎭山是三角山，主山是白嶽山。但前面提到的村山智順卻認爲鎭山就是主山，如果按照他的觀點，漢城的玄武問題必然會很亂。

根據文獻記載，鎭山與主山各不相同。有的明確記載：三角山高聳於漢城北方，成爲漢城的鎭山，白嶽爲三角山的中脈，是環繞漢城北側的高山、漢城的主山。

風水書籍中很少用主山或者鎭山這兩個詞語，最近用韓國語撰寫的風水書籍大都使用主山一詞，但漢文書籍中幾乎找不到這個詞。而對鎮山這個詞，大多數風水術士也不知道，這是因爲鎮山這個詞是個日常用語，而並非風水術語。使用主山的例子只有一個，就是《入地眼全書》中有『元武欲爲穴後之主』一語，這裏稱元武即玄武砂爲主山。

人們之所以將鎮山和主山兩個概念分開使用，可能是爲了對漢城山勢中相對薄弱的玄武砂做些補充。以開城爲例，龍脈在宗山五冠山處大斷，然後延伸到松嶽山，但由於松嶽山勢雄偉，可以同時起到主山與鎮山的作用。與其相反，人們認爲三角山雖然不是穴後之主，但可以代替規模很小的主山北嶽山，起到鎮護漢城的作用。而且從風水上來看，三角山同開城的五冠山一樣，是漢城的近祖山或者說是宗山，不會產生混亂。不過，民間認爲，主山和前方的朝山具有君與臣、夫與妻、父母與子女的象徵意義，主山北嶽山比朝山冠嶽山低，按照術法上的解釋，漢城的地形預示著客人即外來勢力干涉、臣下謀反、以下剋上等事件可能產生。

我們要探討的銀杏樹所在地位於主山北嶽山之前，從來龍脈勢來看，它處於鎮山北漢山形成之前。從江原道鐵嶺延伸而來的脈勢在道峰山集聚生氣，在此地再次極力聚攏地氣後向漢城的鎮山北漢山延伸，所以稱爲束氣處，由於這種形態又像蜜蜂纖細的腰部，所以也稱爲蜂腰處。當然做爲術法用語，束氣處並不完全等同於蜂腰處，不過在這裏可以看成是一樣的。其原理就如爲了讓橡膠管子裏的水流得更有力，可以用手使勁擠壓一下管子的最頂端一樣。因此，爲了結穴，前面一定要有束氣處，拿漢城來說，起到這一作用的地方就是水逾里。

橡膠管子被擠壓的部位很脆弱，不能隨意處理，束氣處也是氣脈強烈集聚後沖向明堂的要道，因此絕對不可挖掘土地或鋪設道路、建造房屋。

首先，按照風水的原則，銀杏樹所在地就位於這種地方，小規模的村莊或許還可以承受，樓房卻絕對不可修建。衆所周知，這一帶恰好被指定爲國立公園，從風水上來說得到了保護，應該算是萬幸。

當然有人可能反駁說，漢城已是人口過千萬的大都市，難道僅憑已經不合時宜的風水地理思想就將漢城北部地方擱置在那裏嗎？無家可歸的人那麼多，難道爲了保護一棵銀杏樹，就禁止修建樓房嗎？這些反對意見反映了迫切的現實，不能一筆抹煞，留待以後談論。古代也曾有過從現實出發反對風水的提議，在此介紹一下獻陵陸路攔截論。

獻陵位於今天的江南區來谷洞，是朝鮮王朝第三代國王太宗與王妃園敬王后閔氏的陵墓。這座陵來脈的蜂腰處是應按照風水的原則加以攔截，禁止任何人進入，還是該服從現實的需要，留出條路，成爲爭論的焦點，爭論的雙方爲當時最高水準的風水大師崔揚善和李達陽。

世宗十二年（1430年），崔揚善上疏說，必須截住從大母山進獻陵明堂的穿川峴道路，才能保護地氣。對此，當時任行副司直(164)的高仲安提出反對意見說，蜂腰處有路並無不妥，人來人往反而有利無弊。李陽達支持高仲安的觀點，奏請不要攔阻道路，應該保持現狀。

這一問題一直懸而未決。三年後，崔揚善再次建議堵住道路，高仲安和李陽達認為無此必要。世宗命令集賢殿勘明是非，集賢殿引用風水書籍批駁崔揚善的奏章，說獻陵的道路位於蜂腰處，周圍無其他交叉路，絕無弊害。請維持現狀。

雖說集賢殿學士們的風水學知識不是來自現場勘查，主要來自典籍理論，但離開了理論，現場勘查也毫無用處，因此他們的觀點也很有價值。謝子敬在《寸金賦》中指出，學不博，則識不廣，識不廣，則道不精，此是必然的。今天那些只學了些相地的皮毛就以風水師自詡的人應以此為戒。

後來又經過數次爭論，到了世祖時期，朝廷才採納李純之堵路的建議，下令在路上堆起泥土，堵塞道路，這一問題終於告一段落，環境保護主義者算是取得了最終的勝利。

不過，在爭論進行的世宗二十六年，高仲安曾荒謬地提出堵塞獻陵西側的山路，結果這一建議被採納，那條路被封了。這說明，當時反對封路的人似乎並無什麼固定的原則。不過，即便是認為應繼續使用道路的一方也上奏，請求在路面上鋪一層薄薄的石子以保護地脈。這說明當時人們普遍認為，不能損壞蜂腰、束氣處。拿銀杏樹所在地來說，它位於道峰山系與北漢山系相交的束氣蜂腰之處，如果修建高大的建築，必然會傷及地脈。

世宗三十年，為排解晚年的病痛和悲傷，世宗在景福宮文昭殿後院建起內佛堂，當時風水師睦孝智上疏說，如果要在文昭殿主脈與景福宮主脈之間修建內佛堂，因場所狹小，必須要挖地。這會造成地氣洩漏，即便是吉地，也無法保全地力。這些話值得我們深思。如果在銀杏樹所在地建起大規模的住宅區，道峰山系和北漢山系之間的束氣處必然會遭到破壞，以牛耳坡為中心連接兩大山系的地方會被切斷，這將給自然生態造成致命的打擊。

上述爭論都以風水理論為基礎，因此我們無法按照現在的觀點說明其合理性。那麼無法合理解釋的東西就毫無價值嗎？並非如此，那樣的話風水思想就無法成為地理學。下面講一個佛家的故事以資參考。

大珠慧海是馬祖道一的弟子。一天，一個尋法的青年向大珠請教：身死之後心尚存否？大珠回答：身隨心生，豈因身死而心死？青年說：請示之。大珠說：汝知有明晨否？青年說：知。大珠說：請示明晨。青年答：明晨有，卻不能示。大珠說：正是如此。盲人不能見日，可謂無日乎？這個故事給了我們一些啓示，筆者認為，可以從理性的角度探討這個問題，即我們可以預見，如果破壞了兩脈之間的束氣處，城鎮可能會遭受何種損害。

銀杏樹所在地位於漢城東北方，如果為修建人工建築而開山，首先就無法抵擋冬季襲來的寒冷季風；而且主山做為形成根本的主脈，具有象徵意義，如果修起很多建築，一直受到保護的良好植被必然遭到毀壞。由此，我們可以想見損傷地脈會對居住環境造成不良影響。

此外，即便是勘察這種小面積的地塊，也必須從遙遠的江原道開始察看脈勢，這是風水的一個優點，能夠判斷該地區與周圍地區的關係。我們登上主山或鎮山俯視明堂，明堂之外的地區也盡收眼底，這樣就可以做出一個總體的、均衡的地區規劃。因此，古代的風水師們教導我們要不避跋山涉水的辛勞，多進行實地勘察。

2. 剛氣與壓制

如上所述，此地位於道峰山與北漢山兩大山系對峙之處，地氣當然很強，而且兩氣相對，形成漩渦，無論怎麼說，這裏都不是平和的陽宅之地，地氣只能勉強承受現有的村莊而已。如果這裏建起大規模的住宅區，從風水上來說，會極爲凶險。

證實這一預言的證據之一就是位於銀杏樹所在地入口的燕山君[165]墓。燕山君通過發動戊午士禍、甲子士禍等，殺害、流放了很多人，而且他生活放蕩，毫無節制，終致被廢。晉城大君[166]通過政變登上王位後，將其降格爲燕山君，流放江華島橋桐島。當時燕山君頭戴斗笠，身披紅衣，離開王宮後，俯地行禮，然後一邊上轎，一邊說：本人身犯大罪，卻深受王恩，終可平安而去。

據護送人員向中宗覆命所言：當時路上的男女老幼奔相走告，對燕山君指指點點，人心大快。到安置之處，發現其居住地由籬笆圈圍，自屋簷起不過十尺，十分狹窄，不見天日。只有一處小門，勉強可以搬運食物、傳話而已。被廢黜的君王一進圈圍之地，侍女們放聲痛哭。護送人員告辭，廢王言各位因自己長途跋涉，吃苦受累，連聲稱謝。

此情此景，與其說是世事變幻無常，倒不如說是歷史的審判，使人不由想起幾年前從高位退下後隱居江原道山寺的某位人士。

就在那一年，燕山君飽受天花的折磨，而且目不能視，臨終時，他說想見被他廢黜的王妃申氏一面。燕山君死於登基十二年後，享年三十一歲。

位於放鶴洞的燕山君墓不是他初次被葬的地方，由於被廢的王妃申氏後來上言，請求把江華島上的燕山君墳墓遷到當時揚州海等村（《王朝實錄》中記載爲海村，即現在漢城道峰區放鶴三洞燕山君墓所在的村莊名），得到允許，因而遷到了這裏。

這裏雖然屬於道峰山五峰山脈，但後方被小溪切斷，周圍風水悲愁，如果颳風下雨，會發出類似有人嚎啕的聲音，是極爲凶險之地。也許正因爲如此，中宗才允許遷墳。

所謂風水悲愁，出自《青烏經》的〈八不相〉。八不相是指頑硬巉岩（頑硬是指山勢陡促、強硬，形體僵直。巉岩是指石塊高聳於入穴之處，形象可怖）、孤單龍頭（龍頭孤零零聳立在那裏，周圍沒有朝對或護衛的山峰）、神前佛後（祠堂或寺院位於附近前後，則不可用）、墓宅休囚（地也有盛有衰，鼎盛時平常的小穴也可以發福，衰敗時再好的寶地也無蔭德，所以舊日的破舊墓地或盛極一時的舊宅，地氣已經衰敗，爲休囚之地，不可用）、山崗騷亂（山勢呈奔逃之貌，雜亂無情，不可用）、風水悲愁（這種地方的風聲、水聲好像淒厲嚎哭之聲，可能過去因戰爭或災殃死過很多人）、坐下低軟（主山以氣脈旺盛爲佳，如果主山低矮、氣弱，則無氣脈，即爲死氣，不可用）、龍虎尖頭（青龍或白虎的頭很尖，彷彿在爭鬥，則凶，不可用）。

奇妙的是，對於此地風水悲愁的特性，銀杏樹卻發揮著中和作用。道峰山與北漢山強大的地氣相撞，掀起漩渦，銀杏樹就位於漩渦的中心，像在颱風的中心一樣，尋覓到千古的寧靜，在那裏挺立了千年。這說明樹木壓倒了殺氣。通過對此地的實地勘察，筆者深切地體會到天地造化竟然如此精妙。

第一次看到這塊土地時，筆者感覺以銀杏樹爲入口的盆地內不可能有村莊，當發現確有很多人在那裏世代生活時，不禁有些愕然。但仔細審視，發現是這棵銀杏樹中和了陰森、淒清、凶險的地氣。因此，我猜想那個村莊大概可以容納五十多戶人家，聽說那裏的人家實際上有八十至一百戶，如果眞是那樣的話，因爲超過了五十多戶，一些小的人身事故可能會經常發生。

在那一瞬間，樹齡近千年的銀杏樹無言地教育了我這個四十多歲的書生。但所有的問題並未全部迎刃而解，無論生者或死者都不應使用這個地方，銀杏樹雖然可以在明堂內護佑五十多戶人家，再多已不可能，高樓大廈更不必說。

此外，郭璞說，主山如低頭舔舐、撫摸幼獸般慈愛地垂下頭，才能結穴。這裏的主山時露峰海拔不過一百二十二米，非常低矮，卻高高地昂著頭，儘管銀杏樹壓制了殺氣和風水悲愁之性，卻也回天乏力。

另外，時露峰爲主峰，左右的龍虎成爲右單股（青龍極短，白虎極長），從術法上來講，這種地形的缺陷是不傳嫡統長子傳次子，而且前方沒有支撐的朝對案（指朝對山及案山），必然給人空曠之感。

燕山君有四個兒子，但包括被廢的世子在內全部被賜死，因此沒有直系孫子。燕山君如果泉下有知，望著這株神樹，心情又當如何呢？一定會悔恨交加，無地自容。

他沉溺酒色，悖逆人倫，施行暴政，誅殺了無數的臣子，甚至肆行炮烙、開膛、銼骨、揚灰之刑。他一人的罪孽致使兒子們死於非命，自己也被葬於地氣集聚後送出的漢城束氣之處，難道是上天的懲罰尚且不夠，土地還要懲罰他嗎？

站在那裏，筆者想到了這些。聽說近來還有人肆行拷問，他們竟造下這種罪孽，不要說天理了，難道連土地的法則也不懂嗎？到底何時還清孽債？風水上認爲，善有善報，惡有惡報，不是不報，時候未到，這就是天地人同氣感應論，肆行邪惡暴力者必遭報應。

3.選穴的關鍵在於選擇

有人可能認爲，在距銀杏樹二十米或五十米的地方建樓，銀杏樹可以繼續存活。但從風水的角度來看，這絕對不可能。一旦開始利用、破壞土地，明堂裏的人口超過了它可以容納的數量，樹木就會枯死。因此，如果對這塊土地不做改造，保持原貌，銀杏樹仍可以存活，只要建樓，無論是距離一百米還是二百米，這裏都承受不住。即便讓植物學家一年到頭精心照料，只要建起樓房，這棵樹就無法存活。只有一個例外，那就是給樹幹注射藥物，將它變成盆景，就像植物人一樣。

一旦刨開土地，地理就會被擾亂，和諧就被打破，從此，這塊土地就脫離了風水的法則，變成泥土與石塊的混合物，只會適用物體的原理，而不再遵循風水的原理。只是，如果撇開風水的原理不談，只遵循城市這一非人性化的實用性空間原理進行開發，就應該徹底遵循這一原理，應該預測建起樓房後會有多少人湧進這一盆地，該爲他們修建多少條道路和供水、下水管道等城市基礎設施。即便我們把計畫做得盡善盡美，這裏也不能成爲具有人性價值的居所，只能成爲吃飯、睡覺、賺錢的單純空間而已。

從某一角度而言，這是風水的局限性，如果有人以爲風水可以滿足現代文明對實用性空間的要求，那就大錯特錯了。

歸根結柢，該如何處理銀杏樹所在地，是人們如何選擇的問題。如果大家認爲即便將它變成毫無意義的單純空間也無所謂，盡可以在那裏修建樓房，另外一個選擇就是保存它的人性價值，將它視爲人性尚存的居所、風水之地保留下來。

從理論上來說，兩者可以調和，但實際上適當地將實用性空間和風水上的居所結合起來卻難度很大，這與風水形成、發展的環境——韓國的風俗有關，因此考察一下西方人如何看待風水會有助於我們認識這個問題。

對研究東方學的西方學者來說，風水是最難理解也是誤解最多的一個領域。宗教社會學者傑佛瑞梅耶斷定，西方人絕對不可能完全理解風水。十九世紀的傳教士阿勒泰說，風水是什麼？在過去三十年間，自己一直在思索。英國人在香港建設住宅、修建城牆、鋪設道路、建起升旗台時，無數次因爲風水遇到困難。中國人在祖國滅亡時袖手旁觀，而當祖先的墳墓遭到破壞時卻拚死反抗。關於風水，西方人無數次地問中國人，但回答都是風與水。風水像風一樣無法理解，像水一樣無法把握。儘管如此，西方人就像被某種魔力所吸引，深深地被風水迷住了。現在，風水成了在香港生活的大部份英國人信奉的對象，他們雖然不能準確地理解風水是什麼，但他們對風水持肯定態度。

風水是一種綜合分析地理位置的體系，原理和技術都很複雜，做爲一種綜合性概念體系，它主張回歸自然環境，規範著人類生態界。

銀杏樹所在地是一個以農爲主、自給自足的村落，修建樓房是對這一體系的全盤否定，最終將導致銀杏樹枯死。現在，那裏出現的樓房小區將成爲人類異化的地方，人與人之間的契約關係將佔據主導地位，土地做爲生產資料，將不再是我們賴以生存的母親的懷抱，而將成爲投機與貨幣價值稱霸的世界。

對於能否挽救銀杏樹，筆者表示絕望。就像我們整個國土的遭遇一樣，它所具有的象徵人性化居所的意義，最終將毀於強調實用的強大經濟原理。

雖然曾有過選擇的餘地，但人們決定不再讓土地保持像故鄉、像母親懷抱的感覺，而是把它當作了利用、佔有的對象。在這種情況下，風水只會被視爲破壞文明的、幼稚的自然主義。

風水不能提出具體的解決方案，只能敦促人們把對土地的認識轉換到人性化方面。選擇權完全握在我們手中，我們可以救活銀杏樹，也可以將它置之死地。

第三節　風水思想的現代意義

1. 爲何重提風水

爲何重提風水？對風水的嚴厲批判由來已久，高麗睿宗時期，有人建議在當時的西京平壤新建宮殿，關於這一風水事件，吳延寵上疏說這是被術數所惑，只會違背民意，擾亂民生，不會有任何好處。恭讓王[167]時期，姜慧柏指出，人的吉凶禍福並非自外而入，都是人所自招，天時、地利皆不如人和。他痛心疾首地感歎，歷代君王都曾熱衷於風水、圖讖，又身受何益呢？如今國運不也風雨飄搖嗎？

就在最近的某個學術會議上，當史學界的一位元老聽說筆者的專業是風水學，就質問筆者爲何逆歷史潮流而動。既然如此，爲什麼還要重提風水呢？原因很多，從大的方面來看有三點：首先，那種一心爲自己和全家發福而醉心於挑選墓地的風水不是正統的風水，正統的風水首先強調人在倫理道德上應該完美，今天重提風水，這是最主要的原因。反思一下我們現在怎樣看待土地，難道不是只把它看成徹底利用、無情佔有的對象嗎？

土地是萬物之根、萬物之母，正統的風水就建立在這一理論之上。有誰會把母親視爲佔有和利用的對象呢？因此，我們要研究風水。

從學術上來看，今天重提風水也非常必要，而且條件非常充分。筆者認爲，我們現在的地理學完全照搬西方，造成了很多問題，最重要的是讓空間結構完全喪失了人性。西方地理學傳統注重功能和便利，造成這樣的結果是理所當然的。借用文學性語言來說，我們因此失去了家園，成了流浪者。風水認爲土地擁有生命，與人不只是利害關係，感情因素也發揮作用。因此，如果按照風水思想對待土地，我們就再也不必爲汚染之類擔憂。風水倡導互利、共存，人們如果認爲土地有生命，就會愛惜它，甚至敬畏它，不會對它肆意打、砸、鑽、堵。

儘管如此，很多深受西方學術體系影響的學者批評說，風水只是一種迷信，其認識體系不具邏輯性，可以說毫無價值。其實，他們幾乎不理解風水爲何物，卻把他們誤解的被扭曲的風水當成風水來批判。身爲一個風水研究者，我想向大家說明：我們需要時間。以前學習風水的條件太差，風水尙未發展到可以提出一套邏輯嚴密的方案。風水的研究人員極少，學術界的看法也對風水極爲不利，幾乎得不到任何研究經費。而且如果要吸引優秀人才學習風水，必須讓他們學成畢業後找到出路，但現在在大學或研究生院學習風水的人實際上無處可去。因此，我們還需要時間。我堅信，總有一天，風水會爲我國的國土和環境問題提出有價值的建議。不過，從現狀來看，風水研究確實還需要時間。

另外，我想對那些所謂的風水師說幾句，請不要忘記古代風水書的忠告：只爲掙錢而相地，必將災禍臨頭。貪欲一動，氣感就消失，氣感沒有了，風水也就無從談起。那些風水師正在毀掉風水思想。

普通民衆也是一樣，只爲自己享福而相地的自私風水不是什麼智慧，而是對土地犯罪，如果確實想瞭解風水，與其鑽研那些高深的理論，不如努力培養愛惜土地的習慣，直到達到與土地溝通的境界，就投入了風水的懷抱。今天我們重提風水，最重要的原因就是爲了找回已經喪失的人性。

2. 研究風水之難

筆者在漢城的大學本科和研究生院講了七個學期的風水思想。在授課過程中，討論的內容非常重要，不過給我印象最深的是，自己的心情被答卷和現場調查報告中提出的問題和學生的建議所左右，時而抑鬱苦悶，時而充滿希望。總的來說，學生們對傳統地理思想很感興趣，而且基本持肯定態度，筆者計畫整理出幾個將對風水思想的發展產生重要影響的問題和建議。儘管學生們對風水思想反映不同，但大致可以概括爲以下幾類：

首先，很多人對風水思想期望很高，儘管它並不明確。這些期望關注的方面五花八門，大體而言，人們隱然期望風水對今天諸多的土地問題和環境問題做出重大貢獻。當然，我們不能否認，這種想法很大程度上來源於僞神秘主義。即便如此，一般人認爲風水是迷信，年輕一代卻對它抱有期望，這令人備受鼓舞。

鑒於現在的學生一直受到何種教育，這一現象確實出人意料，簡直就像是兩條平行線連在了一起。現在的學生熟悉邏輯性地分析、選擇答案並在全體成員同意的前提下進行考證，同樣是這些學生們，卻爲體系與所受的教育完全相反的風水思想所傾倒，甚至期望它成爲重要的工具以解決實際問題。

那是在我的孩子上小學低年級的時候，有一門課名爲『正確生活』，在試卷中有一個問題是朋友生病住院時送什麼禮物好，要求從木偶娃娃和足球中選一個，正確答案是木偶娃娃，我的孩子選了足球，所以他答錯了。我的孩子答錯了題，但他很不理解，說如果是自己，更喜歡人家送足球，因爲只要想到抱著足球在操場跑，心裏就很痛快，病也會好得快一些。這話完全正確。儘管如此，妻子覺得如果放任自流，孩子會繼續按照這種方式綜合性地思考問題，最後肯定會成爲差生。於是她教育孩子，得病的朋友不能跑，所以不能送足球，能靜靜抱著玩的木偶娃娃才是正確答案。

天吶，我們怎能這樣自以爲是？而更令我震驚的是鄰居大嫂的反應：哎喲，這種簡單的題還能錯？這不是常識嗎？你們的孩子腦子有問題，他怎麼覺得住院的孩子能玩足球呢？

在生物課上，老師讓學生觀察蝌蚪長成青蛙的過程，但在城市裏青蛙卵本就很難找，即便找到了，也只能在魚缸裏養著，當牠長成青蛙以後，如果不下個大決心出趟遠門去鄉下放生，就只能把牠弄死。當然嚴格地說，魚缸裏的蝌蚪也長不成青蛙。非但如此，老師還讓孩子們解剖青蛙。這種教育分明是把活生生的青蛙也當成工具，更何況對於固定不動的土地呢？當然把它當成無生命的死物，如果有哪個孩子認爲土地有生命，一定會被當成低能兒。

熟悉甚至精通這種教育的學生們不但不把風水看成迷信，甚至懷著某種期待去探索，這一事實讓人覺得不可思議，還有一些人甚至明確表示希望用風水解決個人問題，他們試圖在風水課上尋找出路，解決發生在家人或者自己身上的一些無法用理性方法解決的問題，如精神疾病、不治之症、意外事故、對死亡的恐懼和好奇等等。不過，這屬於極少數，而且聽課的學生中沒有一個人想藉風水獲得福蔭。

特別是研究生院的學生態度非常認眞，希望找出一種方法解決現在的土地、空間以及環境所處的極端困境，讓我身爲授課者愈發感到責任重大。這是希望，是肯定，與冷嘲熱諷完全不同，我不能不坦率地承認，未能實現他們的願望，責任不在他們或風水思想本身，完全在於自己能力不足。他們對現在風水的流行表達了憂慮，慨歎不久前連住宅小區的公告欄裏，也把風水當成好奇和消遣的對象來談論，希望大學裏的風水研究不要迎合這種流行趣味，表現出小心謹愼的態度。我覺得，這是要求我及其他有關的研究人員不斷地反省自己。

我的課要求必須提交現場勘察報告，我認爲這除了可以讓學生把風水思想應用於現場之外，還有其他意義。因爲我發現，除了地理學專業的學生以外，大部份學生相當畏懼陌生的地區和陌生人。很多學生說平生第一次進行這種形式的現場勘察，以致於有些茫然不知所措。他們承認，自己本以爲十分瞭解生活現場，這次發現那都是間接經驗造成的假象。這促使我們不得不對今天的學校教育進行反思。

不管怎麼說，現場勘察對學生們很有意義，令他們十分難忘，年紀稍大些的學生們甚至時常被當地人誤認爲地產投機商，引起一些騷亂，這大概就是社會現實的正常反應。現場勘察的另外一個益處在課堂之外，就是使學生們產生了對大自然的愛，體會到了與大自然融爲一體的感覺，對消逝的一切產生了心痛的回憶，對日益崩潰、破碎的祖國河山產生了憐惜之情。我覺得，僅此而言，這種旅行就意義重大。當看到大好山河因爲搞什麼鄉村俱樂部、旅遊景點開發、住宅建設、工業園建設等等，被削去一部份，樹木遭到砍伐，呈現一片慘澹景象，他們可能實際上認同了風水上認爲大地是母親、有生命的觀點，儘管他們一直懷有開發國土的夢想和對美好未來的憧憬，現在這些也許變成了一個疑問——這樣做行得通嗎？

另外，由於風水的歷史十分悠久，大部份聽課的學生挑選的勘查地區多爲農村、山區或城市周邊尚未開發的地區，這並不是因爲他們認爲風水不適於解釋其他地區，可能只是因爲他們覺得自己在風水方面根基尚淺，傳統村莊解釋起來相對容易一些。不過這樣一來，他們似乎又擔心風水思想會不會帶上復古、浪漫的色彩，他們感到自己好像陷入了一個二元論的公式，即過去傳統村莊中的生活符合風水，充滿人性，因而是正確的，現代都市中的生活不符合風水，是非人性化的，因而是錯誤的。不過，他們並不同意這樣的結論，因爲如果同意了這一點，自己的生活就失去了合理的基礎。

相比城市而言，農村、農民的生活更多地依靠山川，大自然本身就是他們生活的基礎，那他們就應該永遠排斥經濟利益，只能在原有的狀態下世世代代地生活在那裏嗎？風水上所說的發福，一定是降臨在這些不對大自然做任何改變的人身上嗎？原封未動的土地和被利用、被開發的土地之間有什麼明顯的區別呢？學生們說自己的價值觀產生了混亂，我想大概確實如此。

可是，他們中的大多數人並不想回到那些風水和人性化的生活尚存的地方，這說明學生們只不過是匆匆過客，還未成爲生活現場的主體，學生們也大都承認這一點。他們多次對在當地居民與做爲客人相地後匆匆離去的自己進行了比較，他們說，自己專門學習地理學，看過地圖後才來到現場，看著實際的山，仍弄不清山脈走向，而一個中年村民卻正確地認出了地勢走向。他們在報告中說，那個村民給他們在紙上粗略勾畫的山脈佈局和形態，成了認識村莊佈局與大自然關係的寶貴資料，這個例子說明了韓國空間教育的現狀。

研究生的報告觸及到了風水思想的本質，很有價值，他們對風水的批評出於深摯的愛，因而更爲一針見血，很多意見讓研究風水的專業人士如坐針氈。

其中很多人要求用現代的語言描述風水，原因之一就是風水已經被歪曲爲選地的雜術。筆者並非不曾預料到學生們可能希望，用現代學術可以接受的客觀而富有邏輯性的語言和方法，闡釋晦澀難懂的主觀理論體系，但自己已經在課堂上說明風水思想只好如此的背景，學生竟還提出要求，從授課者的立場來說，不能不感到困惑。

學生們完全認識到了風水的薄弱之處，大概他們發現有可能可以把風水說淸楚，所以更強烈地要求改善方法，以便將其納入現代學術的範疇。就像某位名爲風水道士的人士給地氣下定義時所說的：既然我這麼說，就請你們相信。這是在回答常人應怎樣理解他的話，此言不虛。

其實，迄今爲止，還沒有一個人在課堂上說『我感受到了地氣』，敎師先講授理論，後來又說理論毫無用處，這種自相矛盾學生們當然不能接受。學生們爲感受不到氣而著急，實際上是根本不曾想過爲此付出努力。這是大學的課程，筆者並不期望培養出什麼風水師，也不想培養出道士，當然我自己也不是道士。課這樣上完了，學生們經歷了一次思想上的大混亂，這並非我的本意，這一領域的研究非常困難，但肯定有價值，因此無論如何必須堅持下去，畢竟只有嘗試著去做才可能有成果。總之，現狀令人擔憂。

3. 風水思想的前途

筆者認為，今天的風水思想必走的道路，就是用現代日常用語重新整理風水的基本術語、理論體系及分析土地的方法，這是當務之急。在一九七〇年前後，西方地理學界開始對風水感興趣，近來發表的論文篇數逐漸增加，而且歷來被認為是風水不毛之地的日本，最近好像也開始積極研究風水。

西方的語言並非表述風水思想的合適工具，因此他們採用自己獨特的表達方法，而且很容易被我們所理解，因為對他們而言，風水是外國的傳統文化，他們只能以自己的視角去審視，捨棄那些難以理解或不能表述的內容，這樣的風水當然變得容易起來。

從日本人的立場來說，唯有風水思想是陌生的東方思想，所以在這方面他們與西方人無異，更何況他們特別擅長進行簡單的整理、單純明晰的包裝。所以一旦日本人開始碰風水，在不久的將來一定會出現『日本製造』的風水。從現狀來看，如果我們開始進口美國、日本製造的風水，闡釋體系模糊的朝鮮風水只能拱手相讓。因此，筆者想，風水要是也能受知識產權保護就好了。

當然，舶來品風水將風水的本質要素排除在外，比如地氣的概念變成『土地具有的生命能量（bital energy of the earth）』，可能會被簡單地定義爲：土地具有的促使植物生長的生命動力。但是，毋庸置疑，我們的學生會拋棄說明模糊、鑽研十年也不能保證能達到某一水平的朝鮮風水，投身於以清晰明瞭見長的舶來品。現實如此嚴峻，大學裏的風水研究者還能學山寺裏的禪師繼續入定嗎？我們當然應該開展研究，讓風水以現代的語言獲得新生。當然其中問題很多，研究人員極其匱乏，幾乎得不到研究經費的資助，一般民衆認爲風水只是一種迷信，等等，這是風水面臨的現實。儘管如此，我們也應該義無反顧。

但是，如果我們現在著手進行風水思想術語、概念、理論體系的現代化，確實需要深切的關注、廣泛的建議和物質上的資助，只有在這一基礎上，東方思想中我們唯一比日本和中國領先的風水思想才不會被外國勢力侵呑。

很多人指出，風水中太多的內容只是談論土地及其佔有者。這可能是因爲人們過分關注風水思想中一直遭到誤解的土地發福論，風水理論本身也具有這一特點，筆者認爲需要對此加以說明。

聽聽一個地理學專業研究生的建議似乎很有意義，他的基本觀點是：對統治階層而言，與其說陰宅風水是給祖先選好墓地，以確保家人的安全，不如說另有深意，即預先迅速消除家族中長者的死亡可能導致的財產分配、家族凝聚力減弱等可能威脅封建社會秩序的各種問題，並炫耀家族的勢力，在本地繼續保持榮耀的地位。不僅如此，風水好像也被用於利用各種葬禮直至除喪的整個過程、忌日祭祀和各種節日祭祀顯示家族的團結。他認爲，對被統治階層而言，家族長者的死亡卻意味著勞動力的損失，同時也需要巨額的支出，更主要的是經濟主體消失了。因此，古代婦女總是一邊嗚咽，一邊哭訴著『你先走了，撇下我們孤兒寡母可怎麼活』之類。統治階層付出一大筆錢，指派風水師爲自己尋找可以將統治思想形象化的土地，修建巨大的墳墓，被統治階層則總是選擇村莊附近朝陽的山腰做墓地，因爲它容易尋找，可以給辛苦的生活以慰藉。

至於陽宅風水爲何不如陰宅風水盛行，一般人認爲是受到了祈福信仰和儒教的影響，他卻提出了一個新觀點，認爲是朝鮮王朝政策有意引導的結果。具體地說，城市是王朝的根基，特別是首都，象徵著王權神聖不可侵犯。只有在統治階層喪失權力之後，民衆才可能討論城市和首都，正常的情況下這應絕對禁止。與此相反的是，民衆希望通過改變城市和首都開拓新的時代，建立新的社會。

這一觀點很有價值，因爲它試圖將風水從統治階級自私自利的發福風水中分離出來，轉換爲被統治階級嚮往大同的民衆風水。這啓發筆者充分肯定這種研究方向，多做這方面的研究，爲風水思想特別是陽宅風水發展成民衆的居所意識提供必要的條件。

此外，一個園林學專業大學生的見解也很有價值。他認爲，土地屬於民衆，民衆應該受益，而明堂只存在於少數特殊場域的觀點造成了認識上的混亂。他學習的是園林學，所謂園林學，就是要重現曠野，不讓人類居住，治療冷漠的城市。這門學問不是去尋找風水寶地，而是關心如何讓處處都成爲風水寶地，因此對風水認爲只有少數地方是吉地的觀點非常反感。

他認爲，風水寶地必然『很好』，而且『很少』，對此，人類不可能不動貪念，與其抱怨人貪婪的本能，不如研究如何把現在居住或者以後將要居住的地方變成風水寶地，從根本上消除貪欲。

風水不應滿足於做統治階層和富有階層的工具，而應該關心民衆的居所，研究如何將他們的居所變成寶地。這也是風水必須要走的道路。

這與要求風水思想把研究對象從古樸的傳統聚居地轉向現代都市及居住空間、工業園的觀點同理，都是要求學術界放棄延續至今的老套事例研究，比如認爲某著名貴族村莊保留著很多古代痕跡，在風水思想的基礎上建立起空間結構，是生活智慧的整體體現，等等。這類研究之所以較多，一是因爲風水思想更便於應用於空間，另一方面，也是爲了凸顯風水的智慧和優勢。但如果繼續這樣發展下去，風水可能會自掘墳墓，因此我們應該考慮新的研究對象。

但是，爲了提高風水思想在社會上的重要性，爲其在學術界謀得一席之地，也需要將它轉化爲現代地理思想，讓它對環境問題等大多數社會成員面臨的問題提出建議。在某一次聚會上，一位環境科學專家的教誨尤爲意味深長。

首先，他認爲風水思想非常合適也亟需開發環境教育專案，特別對於少年兒童的環境教育和對提高成年人環境認知度，風水再合適不過。什麼BOD、COD，無論怎麼做，都不能讓人們心悅誠服，而風水認爲土地是有機體，借這一理論說明保護土地爲什麼至關重要會更有說服力。金芝河、車俊燁等人也在環境影響評估中創造了風水值的概念，指出各地的風水值肯定相同，主張應該在環境影響評估中強調地區差異。爲此，首先要對風水理論體系進行現代化的整理，將風水與迄今取得的現代學術研究成果結合起來。無論是風水思想，還是西方的空間學問，都是爲了讓人類生活得更好，爲此，二者都要做出努力，實現互補，相輔相成。

事實上，筆者曾猛烈抨擊接受西方學術並將其應用於空間所引起的很多現象，並建議用風水思想取代西方地理思想。這種態度引起了幾個領域專家的反感，筆者也意識到這種態度對風水學有害無利。筆者的目的並不在於批評本身，而是想打擊那些張口閉口冷峻美（cold beauty）、把非人性的城市空間化讚美爲發展、開發之輩。不管怎麼說，筆者承認，全面攻擊歷史悠久、理論體系井然的西方空間學和西方地理學也是不恰當的，風水師不應該做，本來目的是要批判西方學術的實用主義，但是如果惟我獨尊，對對方的長處也視而不見，兩個學術體系之間的懷疑和矛盾只會越來越大。實際上，在今天的學術體系中，風水要以平等的地位向現有西方空間理論體系挑戰，本身就是癡人說夢。因爲從現有的研究成果、研究人員、學術體系、研究空間和經濟條件、方法的嚴謹而理性以及對主題的洞察力等各個方面而言，風水當做一門學問，都不能望其項背，或許正因爲這一點筆者才變得那樣好戰。

氣是風水最重要的概念、最本質的出發點。如果不能解決氣的問題，風水是否有資格步入現代學術的殿堂，就會不斷引發爭論。

現實要求今天的風水積極地解決氣的問題，當然它有責任說明氣的實體。我們一直放棄對氣進行現代的闡釋，現在該爲此付出努力了。關於人體內的氣，東方醫學積累了一些成果，給了我們很多啓發。根據風水中天地人相關的氣論，這是正確的，因此，風水地氣論可以借鑒已經取得很多成果的中醫學氣論。

我們在大學裏專門研究風水，有責任說明氣的實體，用我們的日常用語重新整理風水的整個理論體系，建立能夠被學術界接受的理論，爲解決當今人類面臨的土地、環境等各種問題做出貢獻尋找新的方法。筆者相信，這是風水成爲一門學問應走的道路。

第四節　風水思想與環境保護運動

1.遭到污染的山川

『白人無數次地向我們做出承諾，但最終只遵守了一條。他們承諾吃掉我們的土地，他們眞地做到了。』這是被美國騎兵隊全殲的美洲印第安宏克法法族末代大酋長紅雲的話。今天如果把紅雲的話套用在我們身上，也許會變成這樣：『西歐人無數次地強迫我們學習諸多科學與思想並將其付諸實踐，但實現的只有一條，他們說要讓我們的土地按照西歐的方式實現近代化，我們的土地就這樣被污染了。』

印第安人沒有被無用的文明所污染，成爲大地的兒子生存了下來，所以他們的直覺一定很強。從這一點來說，奈茨菲爾塞族海因毛特圖雅爾肯特酋長的話更有些風水的意味：『這片土地是靠太陽的力量形成的，所以應該保持原狀。這裏原來沒有什麼界線之類的東西，也不該將土地分開，歸到這邊或那邊。我從未說過因爲土地是我的，我就可以隨意處置。只有創造出土地的造物主才有權處置土地，我所主張的是我在我的土地上居住，你在你的土地上居住。』

迄今，自然環境經歷了根本性的變化，而且現在變化正在加劇，我們不知道爲了什麼、向著什麼匆匆忙忙地在奔跑。『過好日子』、『祖國近代化』、『工業立國』等口號我們都耳熟能詳，但我們卻並知道這些到底是爲了誰。

幾天前，筆者和學生討論風水思想對今天的環境問題能做出何種貢獻，很晚才入睡，卻夢見身在一個陌生地方，那裏有一處兵營，筆者站在走廊裏。突然，四個房門同時打開，各有一名美軍、英軍、德軍、日軍的將領衝出來，朝另一頭的大門跑去。筆者猝不及防，想也不想就跟在他們後面拚命地跑起來。我們都被守在門廳裏的波蘭軍俘虜了，即將被處死。刑場上的我十分困惑，不知道自己爲什麼要被處死，明明只是跟著幾個陌生人跑著跑著被抓的，怎麼會落得這樣一個下場？我茫然不知所措。就在彷彿聽到行刑的那一瞬間，我驚醒了。這個夢似乎在警告我，不要盲目跟風，否則可能會自我毀滅。

醒來後，筆者仍然感到十分迷茫，我們到底爲什麼追趕別人？這個夢難道象徵著我們跟發達國家一同毀壞地球，結果必將招致共同的毀滅？爲什麼我們非要被波蘭軍俘虜呢？天曉得，這畢竟是個夢，但我們的現狀似乎在夢中得到了充分的表述。屋外下著鵝毛大雪，氣象預報說是酸性的，盡量不要被淋到，但它看起來美極了。雖然雪被用來形容純潔無瑕，如今被污染的雪卻成了人們需要躲避的對象。在中國，被稱爲『空中鬼』的酸雨致使草木枯萎，魚蝦窒息，人無法生活。韓國有一句諺語，叫『沒淋過雨的傢伙』，是指弱不經風的富家子弟，如今，連窮人家的窮小子也不能淋雨了。如今，對天上落下的任何東西都不能掉以輕心了。

在韓國，汽車曾經是富裕的象徵，現在增加到平均每兩口人一輛，衆多的汽車排放出各種污染物。大城市裏的孩子們看不到彩虹和流星雨，渾濁的夜空中，以污染空氣爲代價製造出來的電燈發出明亮的燈光，讓人們無法看到。彩虹和流星雨代表的夢想和敬畏之心消失了，工廠裏的煙囱和煤炭、鍋爐排放的二氧化碳很久以前就已經超過了植物的淨化能力，擾亂了地球的氣候體系。據預測，到二十一世紀末，地球的平均氣溫將上升3攝氏度，造成海水水面比現在上升六十五釐米，這就是溫室效應的結果。洗滌劑、冷卻劑、發泡劑等我們日常生活中廣泛使用的電器、電子產品中含有大量氟利昂氣體，可以破壞臭氧層。用完後排放到大氣中的氟利昂氣體從對流層擴散到平流層，被紫外線分解，排放出氯原子，這些氯原子成爲觸媒，永久性地引起分解臭氧的化學反應。臭氧層一旦被破壞，就不能阻擋有害的紫外線，如果這種狀態持續下去，可能會造成致命的損害。

水污染的前景更令人絕望，主犯不僅僅是工廠、垃圾掩埋地、高爾夫球場、農業用地，而是全人類，特別是我們每天的日常生活中習慣性地從廚房、浴室排放的生活污水是個嚴重的問題。舉例來說，魚要成活，在生物學上所需的氧氣量爲每升5毫克，炒菜用油所需的氧氣量每升卻高達 150 萬豪克，這種生活污水的 70%以上不經汙水處理被直接排放進河流。

在任何一個公共澡堂，我們都能夠發現人們在清掃時開著水龍頭，流水四溢，到處擺著有害的洗滌劑。水資源的浪費加快了地下水的開發，地下水必然會枯竭，爲了補充地下水地表水流入地下，直接導致地下水的污染。

直至二十世紀五十年代，漢城地鐵祭基站附近的定陵川還可以洗衣服、洗澡，到二十世紀六十年代中期，中浪川裏仍可以游泳。但現在如果把手泡進去，感覺好像立刻要爛掉。不僅如此，深山裏的溪水也遭到污染，底部沈著破碎的酒瓶、可樂瓶和速食麵袋、餅乾袋。小學的假期作業本上雖然有去鄉下小河裏游泳、抓魚的內容，現在也成了謊言，農村的溪水儘管污染輕一些，但也被開車去的城裏人污染了。他們隨處亂丟垃圾，甚至把滿是油污的汽車開進河裏清洗。據統計，每人排放的垃圾量超過2公斤，其中只有2.9%被回收，1.9%被銷毀，其餘的都被掩埋。掩埋造成二次污染，本身就是問題，而且在未來的一、兩年裏，全國610處共330萬坪的垃圾掩埋地也會被全部用盡。

2. 環境保護運動

污染環境的例子可謂數不勝數，而在另一方面，爲了防止污染，人們也在不斷努力，發起了一次又一次運動。韓國將一九九〇年定爲環境保護元年，很多環境保護團體也確實付出了很多的心血，將那些造成污染的工廠、高爾夫球場曝光，準確地調查水質與空氣污染程度，將污染的嚴重程度公諸於衆，同時進行環境保護教育，爲了解決問題盡力提供解決方案，等等，取得了相當大的成果。因此，環境保護團體正變得日益重要。

然而，環境保護運動如果以現在這種方式進行下去，能否讓這個世界乾淨起來呢？對此，很多人持否定態度。原因很多，首先一個是運動外部的原因，權力階層和富有階層不支持環境保護運動，他們似乎也明白環境保護團體並非出於什麼世俗的貪欲，他們不喜歡環境保護運動是因爲擔心自己的既得利益受到損害。因此，他們造成的外部因素應該說不足爲慮，人們只要認識到污染的嚴重性，參與到運動中來，這一問題就會迎刃而解。

筆者知道，環境保護運動意義重大，從目前的情況來看，也比無聊的政治運動或只追求面子的社會運動取得了更大的成果。但筆者認爲這樣下去環境保護運動不會成功，因爲運動內部沒有一種堅定的思想可以引導它繼續前進。或許有人會說人道主義、人本主義或生態主義，但我們也不能忘記，那些不喜歡環境保護運動的人也有這些思想。而且地理空間思想的一個基本原則是，在居住空間中自然形成的地理思想才能解決該空間的實際問題，這些思想都源於提供污染原因的西歐，而能挽救那塊土地的只是生於斯長於斯的當地人。

此外，現在的運動過於集中在處理具體的某件事上，如果某地的水源被污染了，或者整座山遭到了嚴重污染，就只關心那件事本身。在國家各地，污染每時每刻都在發生，僅憑少數人員和惡劣的財政狀況不可能防止全部污染的發生，也不可能派人到發生污染的各個現場進行監督。

而且最爲重要的是，運動團體只把精力集中在污染物即造成污染的體制和物質、前後經過和結果上，卻忽視了主犯——人。也許筆者的推論有些缺乏邏輯性，但筆者認爲，如果只覺得污染物重要，那麼面對技術萬能主義者的批判，環境保護運動會暴露出脆弱的一面。因爲相信技術萬能的人認爲物質可以解決一切，他們斷定現在的開發是一個面向將來的改善過程，污染不過是必須付出的必要代價而已，將來技術進步了，污染問題完全可以解決。

現在，韓國的污染不是單純的環境污染，如果那麼簡單，治理好了就萬事大吉。韓國的污染是整體性的污染，自然環境的污染不過是更爲嚴重的人類污染、社會污染的衍生物，因此，環境保護運動團體應該長期開展運動，反對人類污染、社會污染，這種運動當然應該和環境保護運動保持有機的聯繫，否則，反對人類污染的運動極可能成爲空虛的道德運動，反對社會污染的運動極可能淪爲庸俗的僞政治運動。

筆者之所以主張環境保護運動應以環境爲對象，將以人爲本的風水思想納爲理論出發點和思想基礎，原因即在於此。於西歐人具有理性和注重實用的傳統，因此在西歐的環境保護運動中，解決問題的方式必然帶有具體、單線的傾向，但它不能治癒我們整體性的污染。

此外，也有學者認爲，現代西歐文明建立在牛頓機械主義物質觀和笛卡爾身心二元論的基礎上，錯誤地闡釋了人類與自然的關係，導致今天各種弊端的蔓延，而且其思想的出發點猶太基督教傳統上習慣於按照明確的因果關係認識一切現象，因此面對目前各種紛繁複雜的問題，必然帶有局限性。

3.風水在環境問題中的作用

風水思想不是包治百病的靈丹妙藥，而且現在的風水已經被嚴重扭曲，內容晦澀，體系殘缺。儘管如此，風水思想仍可以成爲環境保護運動的思想基礎，其原因如下：

風水上有一條金科玉律，就是相地時要注意觀察狐狸的行蹤。狐狸生性多疑，善聽水流聲，走過結冰的溪水時，會豎起耳朶傾聽水流聲，只有聽不到水聲，確信冰結得很厚，不會碎裂，才會放心地過河。因此，只有看到狐狸過去了，人再過河才會安全。

所謂土地，動輒出現問題，而且一旦出現問題就無法挽回，所以必須深思熟慮，這是一條原則。不能因爲溪流對岸有溫暖的家和美味佳餚，就不確定冰結得結實不結實而匆忙過河，否則可能出現問題。從風水思想的角度來看，只爲追求生活上的舒適和經濟上的豐足隨意改造土地，是十分愚蠢的行爲。

不過，應該注意的是這一原則教給我們的不是西歐式的周密計畫、大力推行，而在提醒人們反思一下對土地的所作所爲是否攪亂了地氣與自身之氣的關係。這種思想來自於風水的智慧，因爲它不把地看成客體，而是認爲地與自己同氣。

風水就是察看土地生氣。所有的風水書籍都指出，風水地理的關鍵在於乘生氣，氣就像穀物的種子或樹木的新芽，讓一切生物享有生命，在天成爲生命的源泉，在人則爲心，在品性中則爲仁，入地則爲生氣。

氣源於太極，太極是一切存在與運動的源泉，二者雖然同根，性質與用途卻不同，具有五種變化，這就是五行之氣。爲何氣入地則成爲生氣呢？因爲土地是生命之源。《說文解字》中說，『土』字源於表示土地的『二』和表示地上冒出新芽的『十』，這發人深省。像石頭一樣堅硬的新芽被埋在地下，不久會鑽出柔軟的生命之芽，這是因爲五行之氣在地下流滃，促使萬物復甦。土地具有生命，像母親一樣孕育、生養著新生命，因此地下的氣被稱爲生氣。

氣打嗝兒形成風，噴湧而上形成雲，發怒形成霹靂，降落成爲雨，這一切最終都返回土地，氣必須與土地結合才成爲生氣。因此，荒地無氣，死地爲兇險之地。人們強行推平、修整、挖空、割裂的土地不能再容納生氣，所以現代意義上的開發意味著土地的死亡。

氣不但形成草木、動植物等生物，還支配著人類，氣聚則生，氣散則死，人、地、天都屬於氣的變化，萬物的生成與消亡也是如此。

但如果據此認爲物或人皆爲氣之所聚，就大錯特錯了。《淮南子》教導我們，物有氣而無生，草木有生而無知，動物有知而無義，人有氣、有生，也有知、有義，故爲天下至尊。名爲《歸厚錄》的風水學書籍也指出，人爲自然的一部份，亦是唯一尊貴的存在。這句話告訴我們：人與自然注定要相互依存，關係非常微妙，一方消失，另一方就失去了存在的價值。但這也並不是說人不該有目的，就該在被動的狀態下糊裏糊塗地被自然同化，儘管天、地、人和自然同屬於巨大的宇宙有機體，但人類佔有主體地位。

同樣的觀點也出現在《孟子》的注釋中：人身成於知與氣，其中知爲氣之統帥，氣爲遍佈全身的兵卒。因此知爲首，氣隨知存。最終，它認爲地的生氣是人類的生命源泉，選擇生氣的則爲人之知，也就是說人是管理者，處於主體地位。

張子微在《玉髓眞經》中說，帝王以德興國，而非以力，以道守國，而非以地。這強調了人的重要，特別是遵循德與道的人性最爲重要。

現在人們失去了德與道，貪圖利益，妄圖完全利用、佔有土地，從風水的立場來看，這是瘋狂的行爲。就像一些愚蠢的女人堅信臉蛋兒和身材漂亮可以保證一生安樂，就去醫院做面部、乳房、臀部的整容手術一樣，能說是自然美嗎？只把土地當作利用、佔有的對象進行開發，就和整形外科對女人的肉體整容同理。《明堂經》說，挖石土造成山搖地驚，脈斷氣亂，致土地於死地，又怎會不危害居住於地上的人呢？這並不是說土地絕對不能動，醫地法即治療土地之法，但它與治病一樣，皮膚外傷易治，如病入膏肓，則無法治癒。在同等的情況下，如果把土地換成環境，會使現代人陡然警醒，它警告我們：嚴重破壞自然必將招致人類的毀滅。

風水思想具有強烈的積極進取精神，認爲君子可以奪神工，改天命。也就是說，如果功在於神，就要奪到自己手中；如果命在於天，就要加以改正，讓它由自己掌握，這樣不需等待福氣自然會隨之而至。這不是妄想控制天地運行的自然法則，而是主張山川之生在於天，運行、經營則歸人類。因此，風水不是一種虛無的原理，認爲人像蜜蜂或蝴蝶一樣，在大自然中暢遊一番，時候一到就翩然離去。比如有人腹部堆滿贅肉，卻認爲這是天意，而放任不管，不是風水的觀點；試圖通過手術除掉多餘的油脂，也不符合風水的理論；只有通過運動，讓身體融於自然的運行，才是風水。靜待非人事，過欲非天道，和諧最爲重要。

西方的地理學與環境科學基本上都具有物質主義乃至使用機械主義的性質，韓國也不可避免地經歷了西歐式的變化，各個地區的特色消失殆盡，成爲無名的空間，尙州的公寓和全州的公寓一模一樣，全國各地人數相同的小學建築也完全一樣。土地具有的象徵意義被全部抹殺，也無所謂什麼聖地。空間的整齊劃一造成了人性的喪失，成年人失去了家園，青年一代根本沒有家園。家園是空間上的母親，一個人如果沒有生養自己的母親，就無異於一架機器。

風水思想將人性化賦予一切地理要素，將抽象的幾何空間轉變爲與具體的生活有機相連的空間，離開了人的空間沒有任何意義。是風水思想將人性賦予土地，將土地從被利用和佔有的對象還原爲共同生活的場所。它將生命力即地氣注入土地的全部組成要素，因此土地與大自然不只是人類生活中被利用的對象，而成爲寶貴的生命實體。

因此，儘管韓國的國土並不廣闊，但所有的村鎮都擁有風水形局的名稱，玉女梳妝形、飛龍升天形、老僧禮佛形、神仙讀書形、大雁摺翅形、老虎哺乳形、蜘蛛孵卵形等等，所有的地方都以生物爲喻，並有相應的解釋。各個地方並非獨立存在的客體空間，與居民不相關聯，而成爲人與土地相互交流感情的世界。

風水思想努力使自然的秩序與人類的秩序達到和諧，從這一觀點來看，人人高貴，人人平等。西歐的理論將對象徹底地客觀化，主張徹底利用客體，利用後徹底地廢棄，所以對環境問題只能採取事後補救的方式。風水則認爲土地具有生命，就像前面狐狸過河的原則所示，它自然地要求人們從一開始就小心謹慎。因此，風水思想可以從根本上防止環境污染的發生。但要想把它納爲環境保護運動的基礎思想，仍需克服很多障礙。首先，必須糾正人們對風水的誤解，讓人們認識到風水並是自私的雜術，目的僅在於選處好墓地讓全家人過上好日子。

風水遭到誤解，有幾種原因。一是因爲它的理論本身龐大、晦澀；二是因爲風水在歷史上發生了多次變化，接受了多種思想，變得十分蕪雜；三是因爲其內容本身涉及生活的各個方面，混雜的程度進一步增加，使其成爲思考天、地、人的綜合性思維體系；四是因爲朝鮮王朝以後，人們誤以爲有諸多嚴重弊病的墓地風水就是風水的全部；五是因爲人們試圖用西歐的理論評價風水思想。以上種種，不一而足。

風水看待土地的視角與西歐的地理學具有根本性的差異，但不幸的是，近來的學術體系都屬於西歐的理論體系，這已經成了一個原則。韓國式摔跤運動員並非力氣不大，也並非傻瓜，但在拳擊場上注定會成爲笑料。他們在沙地上練熟了翻滾、摔倒，贏了比賽後騎上黃牛，被人尊敬地稱爲大力士。一旦進了拳擊場，他們卻會被禁止攻擊腰部以下、禁止抱住對手、禁止拍打等所謂文明的拳擊規則所束縛，茫然不知所措，飽受一頓老拳後下場。如果他們偶爾想抱住對手將其摔倒，會立即被觀衆嘲笑野蠻、不紳士等等。對他們說，這可謂是飛來橫禍。風水就像韓國式摔跤，西方地理學相當於拳擊，風水受到西方地理學的嚴重衝擊，目前的處境就好比在觀衆席上賣魷魚幹或花生豆。韓式摔跤運動員被無緣無故暴打一頓之後下場，精神上會大受打擊，心情可想而知。作爲研究風水的專業人員，筆者的心情有時就像他們一樣。

另外一個必須解決的問題就是風水思想的體系研究。風水雖然擁有衆多職業風水師，但他們大部份都是相地的雜術家，在這方面作用不大，只會進一步加重風水的墮落。我們應該在大學裏培養具有學術素養的風水師，如果他們成功地對風水思想進行了現代的闡釋，環境保護運動就會找到眞正的導師。

現在，在漢城大學研究生院地理學專業只有四個人學習風水思想，並獲得了碩士學位，如果問及他們畢業後的出路，我實在無言以對，因爲現在沒有一個大學將風水地理學設爲正規專業，也沒有一個正規的風水研究所，一般企業又怎麼會錄用我這些在研究生院學習風水的弟子呢？他們滿懷熱情地學習風水，但是即便拿到了學位，在現實中也無處可去。

二十一世紀，環境污染將成爲人類面臨的最大危機，風水思想對此可能會提出解決方案，但風水的處境卻令人十分寒心。我堅信，只要人們不急於要求風水思想立刻提出解決環境問題的方法，而是先投資，多給一些時間，我們一定能在風水思想中找到一攬子解決全部環境問題的有效方法。

第五章

首都、國土和風水

第一節　遷都變遷史

1.序言

從風水思想的角度考察韓國歷代王朝如何選定首都及其變化趨勢，非常有意義。筆者的結論是，韓國歷代王朝的首都選址經歷了一個從內陸盆地（風水術語上稱為藏風局）向大河流域的平原地帶（風水上稱為得水局）的轉變，筆者預測，韓國的首都最終將向沿海平原地區（風水上稱平地龍）轉移。

2.歷代首都與首都候選地

傳說韓國最早的首都是白山黑水之間和神市，儘管這並非史實。據說白山是長白山，黑水是黑龍江，但位置不明。神則有靈驗之意，市指住戶密集的城鎮，由此看來，所謂神市，大概是指地氣靈驗、人口衆多的首都，但其位置不得而知。

據文獻記載，韓國最早的國家古朝鮮建都阿斯達，有人說就是開城東邊的白岳宮，有人說是長白山，還有人說是妙香山、平壤、黃海道的九月山、江華島的摩尼山、太白山等等，衆說紛紜，至今其位置尚未被考證出來。文獻上記載，檀君後來回到阿斯達隱居，成了山神。這樣看來，阿斯達也許不是首都。

大體而言，古代城市大多是首都，因爲從古代的體制來看，除了首都之外，不可能存在其他城市。從這個角度來講，我們也可以認爲阿斯達是首都。不過，那時候風水思想無法用於解釋首都的位址，因爲它尚未形成。

三國時期，韓國形成了位置明確、現存部份遺址的首都，高句麗在建都國內城四百二十五年之後，即在長壽王⑯⑧五年，遷都平壤，又在一百五十六年後的平原王⑯⑨二十八年，再次遷都長安城，因此高句麗有三個都城。據推測，國內城可能是位於滿浦鎭鴨綠江北岸的滿洲輯安一帶，曾兩次遭到魏國的攻擊。國內城荒廢之後，據說高句麗曾建東黃城，暫時遷都到那裏，就是現在的江界地區。長安城只是平壤新建的宮殿，並不是什麼新地方。

經廣開土大王⑰⓪大力擴張，高句麗的國土變得更爲遼闊，大同江流域豐富的物產和利用黃海開展對外活動的必要性促使高句麗遷都平壤。大同江發源於妙香山脈的狼林山，上游水流湍急，下流有普通江、順和江等衆多支流匯入，形成了遼闊的沖積平原，流速變緩，從河口上溯至二百六十公里處都可以航行。

坐落於大同江畔的平壤依山傍水，附近的大同郡釜山面南宮裏一帶呈大花勢（花朵盛開的形狀），被奉爲右旋局（圍繞於都城西側的山脈綿長不斷，呈護衛明堂之貌）的寶地。因此，從大局來看，平壤屬於得水局（風水上稱兩面或三面被山圍繞、前方臨河的明堂寶地），缺點是一側虛弱不實，不能凝聚地氣。正如李重煥在《擇里志》中所言，此地爲行舟形（地形如漂浮的船隻，在這種地方挖地就如在船底挖洞，因此嚴禁鑿井），不能鑿井，只能汲河水飲用，而且木柴很難得到。

從平壤可以利用大同江水路橫穿義州至常山串⑰的西韓灣⑰，去中國的遼東半島和山東半島，交通也非常便利。不過這是指和中國關係好的時候，一旦發生事端，這裏反倒變成敵人進攻的通道。而且得水局自身的地形特點決定它在防守上具有致命的弱點，容易被敵方攻陷。

自西元前十八年起，百濟定都慰禮城，文周王⑰元年（475年）遷都熊津，聖王⑰十六年（538年）再次遷都泗沘城。慰禮城是今天的何地尚不確定，有人說是漢城附近，也有人說是稷山，有人說是京畿道廣州古城，等等，熊津已經確認是公州，泗沘城是現在的扶餘。

其中已經被確認的公州和扶餘都位於錦江沿岸，船隻可以從河口航行至一百三十公里的上游。它們和平壤一樣同屬於得水局地形，可以用同一理論解釋。此外，公州的地形與平壤相同，屬於典型的行舟形。當時百濟只不過是統治韓半島中部的地區性小國，交通便利，但防守上有弱點，得水局地形無法抵禦強大的大陸勢力。筆者猜測，慰禮城可能屬於藏風局地形，如果百濟不那麼積極進取，不遷都公州、扶餘等得水局地形，而是採取守勢，一直以慰禮城爲首都，或許會存在更長時間。

然而，百濟走在了時代的前面，過早地遷都屬於得水局地形的公州和扶餘，最終難逃被外來勢力毀滅的命運。這樣說來，七世紀得水局地形導致韓半島兩個國家的滅亡，看來那時定都得水局地形的時機尚不成熟。此外，有人認爲馬韓的都城是益山郡王宮面，也有人提出百濟的臨時首都是益山郡金馬面的彌勒寺所在地。

新羅自從定都慶州後，從未遷過都，只在神文王⑰⑤九年（689年）商議遷都達句伐（今天的大邱），但最終沒有付諸實施。在這一地區，被推測可能是弁韓和辰韓首都的有廣尙北道的青島、迎日、宜城郡的丹密、星州、高嶺、軍威、金川、商州等地，還有廣尙南道的昌甯、密陽、固城、晉州、蔚山、夏東郡的岳陽、四川郡的昆明、巨昌、金海、宜昌郡的鎭東、咸安、東萊等地，都屬於洛東江及其支流流域的沿岸盆地地區，因爲它們不過是部落小國的首都，和前面提到的益山郡一樣，都不能算是正式的首都。

慶州位於太白山脈的南端，太白山的支脈東大山脈和主山脈南北綿延，構造穀東西橫亙，二者交叉，形成發達的侵蝕盆地。周圍環繞著明活山、金鼇山、玉女峰、仙桃山、小金剛山等丘陵性山峰，沒有大河流過，屬於典型的藏風局地形。在古代的戰爭中沒有舟船運輸，需要徒步轉移，也沒有曲線射擊火器，因此慶州的藏風局地形與平壤、公州、扶餘等得水局不同的是在防守方面具有絕對優勢，所以在三國爭霸的亂世國家能夠保存下來。

但是，時代在變化，戰略戰術在不斷發展，一切都處於變化之中，慶州也曾遭到後百濟的蹂躪。但不管怎麼說，慶州屬於易守難攻的藏風局地形，具有獨特的地理優勢，所以在首都屬於得水局地形的高句麗、百濟相繼滅亡之後，新羅仍得以生存，並最終實現了統一，但也因爲慶州過分偏於國土的東南角，致使新羅失去了韓半島的北部地方。

統一之後，新羅一面籠絡被征服的高句麗、百濟居民，一面對首都偏僻的位置採取了一些補救措施，在忠州、原州、金海、清州、南原設置了五小京，不過，它們也不同於首都。一個有趣的事實是，除金海以外，新羅定爲首都候選地的大邱和五小京都是藏風局的守勢地形，保守性很強，這似乎和新羅統一後再未採取過積極擴張的政策有些關係。

我們不能確定那時候定都是否考慮風水的因素，不過我們知道那時尚未完全採納風水地理理論，不過，後來高麗的開城和朝鮮的漢陽確確實實是根據風水思想選定的首都。

3. 從藏風局轉爲得水局

要克服慶州作爲首都在地理位置上過於偏僻的弱點，就要將首都遷到韓半島的中部，高麗的開城是個開始，這裏的最高峰五冠山到主山松嶽山，來龍脈勢連綿起伏，形勢雄健博大。在明堂開城的內部，北有天摩山、松嶽山、聖居山、國師峰等，東有日出峰、子男山等，西有月出峰、鳳鳴山等，南有龍首山、進鳳山、光德山、將軍山等，山勢重重疊疊，像屏風一樣環繞著開城，積蓄起五冠山的精氣，形成典型的藏風局地形。

另外，由於這裏根據風水的原理進行了改造，各種形局名目繁多，可謂韓國風水的一個典範。比如說，以松嶽山和滿月台爲中心的日原一帶，被號稱韓國風水之父的道詵命名爲潔淨的黍田，訪問開城的宋朝使臣徐兢則認爲那是青龍飲水形，毅宗[176]時代的詩人金寬毅認爲那是金豬臥地形，高宗[177]時代的學者崔滋認爲那是黃牛安臥形，朝鮮王朝的清潭李重煥則認爲那是向天上奏形，民間則傳說那是老鼠入地形，這些都是形容明堂寶地的術語。總之，開城屬於典型的藏風局地形，從當時高麗弱小的國力、脆弱的王權來看，需要防範大陸和倭寇的進攻，在這方面，開城具有非常理想的防禦性地形。它的另一個優勢是位於國土的中部地區，利於國家統治。

但也正因爲如此，藏風局的首都注定國家要採取消極被動的政策。所以，隨著時代的變遷，藏風局必然轉變爲明堂更爲寬闊、水路交通便利的得水局地形。此外，大陸的局勢發生了變化，奉行擴張政策和霸權主義的元朝走向衰敗，隨之建立的明朝由漢族控制，奉行穩健的政策，著重維持國土現狀。因此，到了十四世紀末，韓半島的首都從消極、防禦性的藏風局地形轉變爲積極、大膽的得水局地形。

4. 漢江，得水局地形，漢城

朝鮮建國後，對數個候選地進行了多次的勘查和論證，直到最後決定定都漢城。漢城勝過平壤、公州，是韓半島上風水最好、規模最大的得水局地形。由於篇幅所限，本文不再談論其變化過程，只概括性一下這種風水的優、缺點。

衆所周知，漢城與開城一樣，位於韓半島中部的平原地區，但開城距離大河禮成江、臨津江三、四十公里，漢城的客水（位於明堂之外，與明堂水交彙後流出的大河）不但近在咫尺，而且可航行距離、河流的寬度、深度、流量等都大大超過了開城的兩條河流。因此從統治整個韓半島的角度來看，開城無法與漢城相提並論。此外，漢城與開城的不同之處在於，利用楸哥嶺構造谷，漢城與關北地區的交通也很方便，沿著南漢江南下，漢城與嶺南地區的交流也很便捷。

本來，首都的地理條件應該是政治上利於國內統治，經濟上利於國計民生，軍事上便於防備外部威脅，這個原則放之四海皆准。可是，定都時除了將這些合理的、邏輯性的條件轉變爲具體的因素一一進行考察之外，談論首都的地理條件時還經常提及象徵性的內在條件。風水思想就最適合研究這種象徵性的地理條件，而且其中的理論也可以用來研究政治、經濟、軍事方面的地理條件。漢城的風水地理條件在韓半島上爲上上之選，早在朝鮮王朝建國之初，這一點已經在無數次的爭論中得到充分的證明，在此不再贅述。

人類的地理思想試圖對普通人的生活場所也賦予一定的含義，並總結出其象徵意義，在首都的問題上更是如此。據道詵的《明堂記》記載，西江附近的餅岳南側有一處明堂寶地，名爲君子御馬，傳說自太祖王建實現統一的丙辰年後再過一百二十年，如果能遷都至此，可延長國家的基業，此外，平壤林原驛有一處大花勢地形，據說如能在那裏修築宮殿，建立首都，可以平定天下，接受外國的朝貢，還據說在三角山面岳南側，如果以主山的脈勢爲中心，坐北朝南建都，地勢符合古書所載，能夠延長國運，等等，都是這樣的例子。自高麗以來，民間一直傳說漢城地氣旺，作爲一片神秘土地，漢城具有象徵意義，對此老百姓很容易產生共鳴。

本書不能按照風水的原理一一說明漢城風水的優點，僅從風水巨著《人子須知》〈建都入式歌〉中簡單地舉幾個代表性的例子。這部書指出，成爲帝國首都的必要條件是要符合天星垣局（風水上認爲天上的星座下降到人間成爲山，所以將山稱爲星，天星垣局指星星像圍牆一樣圍住首都的明堂），正龍應爲氣聚之處，位於國土正中，而且必須交通便利，必須具有防禦外部侵略的能力。漢城符合這所有的條件，而且也符合其他風水書籍提出的首都應具備的條件。由於篇幅所限，本書不得不省略這些條件提出的原理及其過程，請讀者見諒。

那麼，漢城在風水上就十全十美嗎？並非如此，正如風水思想中常說的『天地也不能完美無缺，聖人也不能全知全能』那樣，漢城也不可能盡善盡美。李重煥曾指出，漢城的北嶽山和仁王山石勢令人畏懼，不如開城毫無殺氣，明堂內部水路地勢低弱，前方的冠嶽山雖然隔著漢江，仍然距離過近，而且朝向正南也不太好。

從佈局來看，主山過於傾向於首都西側，妨礙城市的均衡發展，世宗時代崔揚善曾經提出這一點，卻一直未得到改善。此外，尹莘達正確地指出漢城乾方低下，形成黃泉煞，是個嚴重的缺陷。當然這些都屬於術法。不過從現實情況來看，這種地形非常不利於阻擋冬季寒冷的西北風。

5.從得水局再度轉向平地龍型海邊城市

如果說開城是山地龍，漢城是平岡龍，海邊的平原地區就相當於平地龍。《神志秘詞》中將高麗的開京（開城）、西京（平壤）、南京（漢城）三座首都比喻為一桿秤，開城是秤桿，漢城是秤砣，平壤是秤盤，當秤盤與秤砣重量相同，首尾平衡，秤桿呈水平狀時，國家就會欣欣向榮。那麼，漢城是否是韓民族永遠的首都，韓國再也不需要遷都了呢？

一九八九年，筆者曾在國土開發研究院的論文集上發表了一篇論文，提出統一後應定都開城，這樣既可保全南與北即漢城與平壤兩方的面子，而且從風水地理的原理來說，這裏是地氣復甦之地，還曾經是高麗的首都。但那只是推薦開城作國家統一後臨時的首都，筆者並不認為它應該作統一國家永遠的首都。筆者認為，作為一個擁有七千萬人口、基礎產業發達的統一國家的首都，平地龍地形最為適合。因為隨著世事變遷，成為首都的條件也在發生變化。[178]

漢城群山環繞，而且位於大江之畔，只是上有北漢山、道峰山攔擋，下被漢江封鎖，從自然地理上來說，不能繼續擴大，因此它的發展遲早會受到限制。

另外，現在人們都希望進行國際交流，自然要求漸漸向西海岸前進，在更爲開闊的平原上建都，這是土地的原理，也是風水的發展趨勢。因此，在光海君時代，有人提出遷都建議，就符合這一趨勢，這就是朝鮮王朝中期的交河遷都論，它與今天提出的遷都坡州郡交河面的建議不謀而合。

交河的東側與條裏面、南側與高陽郡松浦面、北側與琴村邑和炭縣面接壤，西側位於漢江下流入海口，嚴格地說屬於漢江流域，實際上幾乎可稱爲海濱，全部區域幾乎都屬於河畔低濕的平原，東南部的丘陵海拔也在二百米以下。

在那個時代，定都海濱城市的時機還未成熟，李懿信提出了一個過於超前的風水理論，雖然一時得到了國王的信任，卻差一點丟了性命。

這一事例雄辯地證明，天時未到，地利也不會來。今天看來，如果在南北統一之後，這或許會是一個不錯的首都建設方案。根據設施情況，其實可以沿著海岸，更具體地說，是沿著交河面的漢江沿岸和金浦、江華一帶的海岸建設一座巨大的帶狀城市。統一以後，我們可以臨時象徵性地建都開城，然後做出規劃，在這裏建都。不過，我們應該想到，這個方案的初次提出並不是在二十世紀後半葉，而是十七世紀。

維新⑰⑲末期政府也提出了遷都問題，歸根結柢可能也是因爲得到了上蒼的啓示，認爲現在的首都漢城地氣已衰，民心背離，政權無法再維持下去。不過從實際內容來看，他們尋找的並非積極進取的地理條件，反倒是比漢城更靠南、更偏僻的地方。

第二節 國土與風水思想

1. 新釋風水的思想性

對人而言，土地到底是什麼？這是一個很虛的問題，因爲土地只有和人聯繫在一起才有意義，但它又不從屬於人。像我這種實際上離開土地只生活在書本、紙張、水泥、柏油、鋼筋裏的人卻對紮根於土地、與土地共同生活的人大談土地，不但極不合適，甚至讓我感到非常愧疚。對農民來說，土地就是他們自身，而對城市的知識份子而言，土地不過是客觀的對象，是一種工具。那麼，知識份子還能對農民說些什麼呢？

只是因爲我的專業是韓國的傳統地理思想——風水，能夠感知地氣，所以嘗試對風水做一次整理。土地是我學習的對象，但在與土地一起生活的農民面前，我感到深深的內疚和自卑，甚至覺得自己是虛僞的。他們在爲生存而奮鬥，我卻只是一個觀衆，心中難以拂去愧悔之情。就是懷著這種心情，我對風水進行了總結歸納。

通過研究，筆者得出的第一個結論是：風水思想不認爲土地獨立存在，認爲人的存在使之作爲對象具有了意義，這一點使我們深受教益，如果土地是父母，誰還會把它只看作佔有和利用、開發的對象呢？

大地母親具有包容一切的特性，由於生活艱難，遊子四處漂泊，最後終於返回故鄉，心中渴望著休息。能夠滿足這一願望的就是大地，她掩埋了遊子在生活的沉重壓力下犯下的罪惡，撫慰他遍體鱗傷的身心，這就是母親。所以，很多人至死難忘母親的懷抱，希望死後葬於地下。土地就是幼時母親溫暖的懷抱，也大概因此我們把墳墓建成母親乳房的形狀。歲月流逝，肉體在地下腐爛、消失，人們希望自己吸納的地氣能夠永遠回歸土地，與她融爲一體。

西方人的觀念與此有些不同，他們更喜歡把土地看作父親，而不是母親，因此他們對土地的看法非常複雜。在我們的幼年，父親似乎無所不能，無所畏懼，近乎神聖。當我們長大成人，竟發現父親意外地虛弱無力。所以，對土地，西方人產生了多種看法，因爲父親既可以依賴，同時又是保護的對象，既嚴厲，又虛弱，既好像無所不能，又似乎極其無能。

將土地看成父親自然與把土地看成母親情況完全不同，它使西方人與土地結成了一種相互交換的契約關係。父親雖然養育了子女，但向子女提條件，如果不得到某種代價，他就會忿怒、憂鬱。契約容易賦予土地被佔有、被利用的性質，如今，對土地的佔有和剝削在韓國社會普遍蔓延，依據就是西方地理學，因此，對西方地理學的引進和接受負有難以推卸責任。

第二，風水上認爲土地有生命，因此稱山脈爲龍，認爲相看山形如同給人相面，土地不是人統治的對象，而是共同生活的夥伴。對於生命，人們不能隨意處理，就更無所謂開發，不會胡亂砍、削、塡、鑿、或堵。這方面風水的有效而明智得到了現代西方學術界的認可。人性化空間思想認爲在人類全部職業中農業最符合風水的原理。有人可能表示反對，因爲耕作也要開墾土地，修築田塍，有時也要刨挖水渠。風水認爲，這是必然的，只相當於清除皮膚表面的汚垢，但並不傷筋動骨。人類就靠清除地面的汚垢生活，這不是什麼問題。地上的農作物就是土地的汚垢，淸除了汚垢的土地能更多地產生汚垢，土地變得越來越肥沃，人類受惠於此，日益繁榮昌盛。所謂文明卻不滿足於此，開發出種種技術，讓土地的皮膚裸露，吸食它的血與肉。

另外一個重要的事實是，我們的先人不只把土地看作泥土和石頭的混合物，還相信其中含有一種語言無法描述的神秘物質，某些地方充溢著神聖的力量，某些地方具有特殊的能力，可以治療疾病，某些地方可以使人精神安定。世界性宗教的創始人都在雪山或曠野等特殊場所得到神諭，韓國各地上有地神、山神，都源於這種思想。

韓民族土地思想的核心都包含在風水思想中，我們認爲土地有生命，是我們的母親，具有某種神秘的力量。在泥土的氣息中，我們感悟到一切的本質，這就是人們對土地最本質的認識。土地是母親，歸根結柢土地是我們自身，我們自身就是土地。這一觀點不僅包含著土地的本質，也包含著人的本質。

2.思考韓半島的地理

按我們傳統的地理觀來說，土地具有生命，如果沒有這個前提，我們就無法理解土地。無論是農民還是牧民，離開土地就無法生存。土地是人類生活的全部，特別對韓國的農民來說，土地的影響力是絕對的。我們的一生就是生於泥土，在土地上生活，死後再回歸泥土之中。因此，我們稱土地爲母親，這不是一個單純的概念。

該怎樣描述母親給我們的感覺呢？這很難。母親生育一切，而且包容、接受一切，這句也不足以表達母親的含義。母親就在那裏，她發出召喚，我們向她奔去。人在生活中必然要承受生命的孤獨，這時自然而然地會想起母親的懷抱，土地給我們的感覺是否就是這樣的呢？遊子身在旅途，身心俱疲，連站立的力氣都沒有，一屁股跌坐在路邊的草叢中，此時腦海中浮現出故鄉的嫋嫋炊煙，那是否像土地給我們的感覺呢？回憶起那些再也不能相見的故人，我們感到深深的孤獨，這是否像土地給我們的感覺呢？但是，所有的比喻合起來也不足以描述土地，無法把土地說清楚，我們只能直觀地感受它。

不過，我們的土地不像印度女性那樣只是無條件付出，根據小說家姜石景在《印度紀行》中的記錄，對印度人來說，女性就是地球，地球對痛苦具有極強的忍受能力，是忍耐、愛和保護的象徵，印度女性只知付出，從不索取。我們的土地並非如此。

雖然母親的子宮是我們孕育、生長、出生的地方，是我們永遠的故鄉，卻神聖不可侵犯，絕對不能被當成佔有和利用的對象。依此類推，對土地的佔有和利用就是對土地的侵犯，就違背了天倫和地理。這就是韓民族的觀點。在此，筆者想建議大家思考一下我們祖先對土地的看法。

新羅善德女王[180]時期，慈藏法師[181]到唐朝留學，得到了文殊菩薩的教誨。文殊菩薩說，你們的國家山川險峻，人性醜陋、兇惡，而且多信邪說。爲了做些補救，法師後來興建了黃龍寺九層塔，這一記載出自《三國遺事》，可能是國土整體形局論中最早的記錄，其中包含著人、地相關論，後來形成了一種獨特的地理觀，即認爲山川形勢決定人的品性，甚至可以決定國運的興亡。高句麗曾嚴重威脅到中國的安危，通過這一記載，我們可以看出中國試圖通過佛教這一主張順從和忍耐的文化，教化這片土地上的人們。

新羅末期，當高麗太祖王建的父親龍建修建宅第時，禪僧道詵登上松嶽察看山勢，然後稱韓國整個的地勢爲水母木幹。在五行論中，水爲北，木爲東，水母木幹就意味著以北方的水爲母（即根），以東方的木爲體（幹）。韓國大體的地勢是北高南低，東高西低，按照五行論，就是以北和東爲主。此外，這句話也可能提醒人們，高麗的首都開城在風水上屬於藏風局，四面環山，明堂狹小，水源和柴火不足。

高麗末期，百姓漸漸形成了穿白衣的風俗，但在五行論中，白色代表西方，青色代表東方，因此有人多次提出禁止百姓穿白衣，提倡穿青色衣服，這也源於五行論，即高麗是東方國家，應該穿代表東方的青色衣服，才能夠五行相生。

《道詵國史實錄》記載了這樣一個傳說，朝鮮的地勢如航行之舟，太白山、金剛山爲首，月出山、瀛洲山是尾，扶安的邊山爲舵，嶺南的智異山是櫓，綾州的雲州山（全羅南道和順郡道岩面）是腹。一艘船要順利前行，船體不能搖晃，更不能沉沒，還必須用舵掌握好前進的方向。因此需要在重要的頭、腹部建起千佛千塔，保證船隻平穩行駛。儘管這個比喻是把韓半島比成了船，但對古人來說，海上漂流的船等同於湖面上游弋的水鳥，所以也是將國土看作了生命體。

另外，興宣大院君李昰應⑱²曾把韓國比作人，不過未明確指出是老人。一八九四年，討論是否鋪設鐵道時，他說，如果鋪設鐵道，就要開山塡溝，必然會毀壞岩石。岩石是國家的脊柱，如果人脊柱受傷，還怎能活命？這種觀點就是典型的土地有機體論。

六堂崔南善⑱³在《少年》雜誌〈奉吉學地理〉專欄中指出，如果把國家的形狀比作動物、鳥、蟲、魚、樹木、花草、人等，不但以後容易記起，而且可以培養青少年的研究能力，是個很好的方法。

某位啓示的收集者把韓半島的地形比作人，甚至將每處山脈、原野和江河與人體的各部位一一對應起來。他認爲，山脈是骨架，原野是肌肉，江河是身體的分泌物。例如，咸鏡山脈是頭骨，赴戰嶺山脈是頸骨，妙香山脈是鎖骨，彥眞、滅惡、馬息嶺山脈是肋骨，太白山脈是脊樑骨，小白山脈是前面一條腿的腿骨，咸鏡北道是從頭頂到後腦勺，咸鏡南道是面部和脖頸，平安北道是兩臂，平安南道是胸部，黃海道是乳房，江原道是背部，京畿道是腹部，忠清北道是盆骨，忠淸南道是性器官，全羅北道是前邊的一條腿，全羅南道是前邊的一隻脚，廣尙北道是後邊的一條腿，廣尙南道是後邊的一隻脚，濟州道是坐墊。此外，咸鏡南道的三水郡是嘴，黃海道的夢金浦是乳頭，泰安半島是男性勃起的性器官等。

這種認識地形的方法並無什麼新意，不過，忠淸南道的內浦平原卻是韓國名副其實的心臟。如果說太白山脈是脊柱，車嶺山脈消失的內浦就是內臟，此地英才輩出，也證明了這一點。從白頭山延伸而來的山脈沿著妙香山、太白山山脊南下，在俗離山凝聚精氣。然後又掉頭北上，形成車嶺，這一脈最終消失在保甯的烏棲山、聖住山山麓。元曉大師[184]認爲烏棲山、聖住山之間的山形、水氣最佳，就如國家的內臟，所以稱之爲內浦。他還預言，俗離的正脈轉而向北，在內浦消失，該地應有聖人下葬之處，到那時，東方的禮樂文化將會興於這一精氣。

風水、圖讖對地形有各種各樣的解釋，但重要的不是誰就這片土地講了些什麼，而是他們都堅信韓半島是個有生命的人，韓半島是活生生的人，這樣，我們的國土以一副全新的面貌站在了我們面前。

三國時代，韓國處於上身、左腿、右腿分離的狀態，高句麗是上身，新羅是左腿，百濟是右腿，他們各自爲戰，這樣的人當然是不正常的。後來新羅實現了統一，但只有軀體，沒有頭，嚴格地說，也不是完整的人。那時的頭部是韓民族建立的渤海，雖然它沒有被砍去，但確實是和軀體分開的。

到了高麗時期，我們雖然找回了頭的一部份，卻仍然不完整，缺後腦勺兒。到了朝鮮王朝，韓國才完整地具備了人的形態，從頭頂長白山到脚底海南郡的地角村，完整無缺。

韓半島三面臨海，因此像是在海裏遊一段泳後要上岸的人，消除了長時間游泳的疲勞，脫離了大海的危險，感到一身輕鬆，又像是完成了艱巨的任務，雖然有些疲倦，但非常坦然，正威風凜凜地挺身站起。韓半島的形態由這一切混合而成，十分從容而祥和。一位仙人從大陸的東邊遙望無垠的太平洋，舒展腰肢正要上岸，他生機勃勃，活力無限，這就是韓半島。

然而，這片土地曾淪爲別人的奴隸，雖然將近四十年的歲月只不過是五千年歷史中的一刹那，但是仙人淪爲奴隸，母親淪爲奴隸，是無法忍受的恥辱，儘管那只是短暫的一瞬。接踵而來的問題更爲嚴重，窮兇極惡的奴隸主貪得無厭，狂性大發，最終招致了自身的滅亡，我們本應迎來解放，沒想到卻又被枷鎖勒緊了腰部。

活著意味著氣脈相通，要通過血液流動供應營養、排泄廢物，但是韓半島的血液停止了流動，身體中部的枷鎖開始緊勒腰部，上半身和下半身都開始萎頓，上身的血液聚集，開始漲得發紅，下身極度缺血，青斑開始擴散。

這是什麼樣的枷鎖？罪名是外國勢力的自私自利和政治理念。但我們爲什麼要代人受過？政治理念到底又是爲了什麼？爲什麼讓上身血脈僨張、下身青斑片片的政治理念偏偏要加在我們身上？

我們不知道。隨著歲月流逝，枷鎖越來越緊地勒在腰部，上半部份越來越紅，下半部份越來越青。這樣下去，漲紅的上半身和淤青的下半身都無法生存，上半身和下半身需要合爲一體，需要混合統一，否則就面臨死亡。漲紅的上半身盤算：如果一下子統一，上半身的血液迅速流失，一定會痛苦萬分，所以應該用紅色來統一。淤青的下半身考慮：阻塞的血管中如果一下子注入很多血液，肯定疼痛難忍，所以該用青色統一。但是，我們來想一想，這樣統一能挽救兩邊嗎？假設因爲不能忍受一時的痛苦，按照自己的想法實現了統一，讓韓半島成了血液聚集全身漲紅或者是血液不通全身淤青的人，那它還能活多久呢？上半身、下半身都忘記了一個重要的事實，自己爲什麼漲紅或淤青？難道不該恢復正常的顏色嗎？難道不應該除掉腰部那無緣無故的枷鎖，讓身體恢復正常嗎？

危機終於爆發了，勒在三八線上的枷鎖在拂曉激烈的炮聲中斷裂了，但由於這不是正常解除，反而導致了更爲嚴重的問題。血管發生急劇的移動，使全身傷痕累累，而且直到戰爭結束，仍未能從腰部除掉枷鎖，它變成了更牢固、勒得更緊、讓人更痛苦的鐵索，韓半島的腰部實際上已經斷成了兩半。

由於已經被擠壓到了極點，腰部已形同斷裂，所以上半身也漲紅到極點，變成通紅的火球，下身淤青到極點，近乎灰白的屍體。非但如此，雙方還相互攻擊謾罵，成爲不共戴天的仇敵，甚至更進一步，乾脆各自爲戰，宣稱自己獨立，並開始這樣裝扮自己。上半身在胸口安裝鐵窗，用剃鬚刀刮頭頂，造成極度的不和諧；下半身則把厚重的贅肉堆積在心口窩，在專司排泄的臀部豎起重金屬的牆壁，美其名曰國家近代化。當然，這些都是筆者的比喻，指的是南浦、龍岡等地的鋼鐵工業區建設和蓋馬高原的開墾、首都人口與各種功能的集中以及東南沿海的工業區建設。

這樣一來，我們成了處於生死關頭的重病患者，腰部已經斷成兩截，頭上插著刀片，臉上刻有刀痕，所有的循環器官都處於完全阻塞狀態，還患有動脈硬化，消化不良，便秘已到了不能再忍受的程度，血管堵得嚴嚴實實，心臟幾乎停止了跳動，四肢氣脈不通，嚴重浮腫，不能動彈。這就是我們韓半島的現狀。

作爲這片土地的兒女，韓民族也陷於狂亂的狀態，不知羞恥地侵犯大地母親，肆意踐踏絕對不應佔有或利用的國土，這就是今天的我們。如今，世人把無情的蹂躪稱爲發展，把廣泛的佔有、無情的利用稱爲有能力。任何人都無法否認：這正是末世的症狀世態。

現在，我們再也無法忍受了，或者說我們再也不能坐以待斃了，稍微遲延片刻，上半身和下半身都注定要死亡。對韓半島、大地母親、我們的土地而言，如果再不統一就意味著民族的滅亡，所以我們不能再坐視兩邊更紅或更青，必須要實現統一，必須要拯救我們的國土，它是永遠存在的象徵，是繁榮的標誌。

如果實現了統一，我們可以在頭部——咸鏡道的長白山、冠帽山、北胞胎山、北水白山等地讓母親蓄起又長又密的頭髮，她濃密的頭髮會讓我們心靈常青。在相當於面部的新義州、鐵山、宣川、定州、安州、平壤、江西以及南浦等平安道各地建成綠色的原野，我們安裝漂亮的生產設施，讓母親的面容既美麗、高雅，又和藹、慈祥，望著那裏，我們的心中會感到無比的自豪和驕傲。

在相當於頸部和胸部的黃海道，我們建起樹林和原野，讓母親能暢快地呼吸。望著那裏，我們會精神百倍。在相當於心口窩的漢城和京畿道，分散其過於集中的功能，治療嚴重的動脈硬化，讓我們的循環系統恢復正常。在相當於脊柱的江原道，建起綠色的松林，讓她挺起千古不變的脊樑。這樣，我們會永遠不屈不撓。在相當於下腹部的忠清道和全羅道，我們耕種肥沃的農田，切實體驗富饒的生活，讓這裏的沃土一望無際。眺望這片土地，我們會感到無比充實。而在相當於排泄口的慶尙道，我們應該建立設施優良、環境清潔的工廠。排泄很重要，其重要性絲毫不亞於吃飯。而且如果不是病人的排泄物，而是嬰兒細膩的糞便，誰會說它骯髒呢？當然，如果日本給擦屁股的話，我們可以欣然接受。

最重要的是如何處理現在的非武裝地帶，筆者認爲應該把那裏列爲禁止任何人闖入的聖地，世世代代保留下去，不玩文字遊戲，搞什麼保存、開發，而應原樣保留，讓它成爲人類的最後一塊人造處女地。作爲歷史的見證，它會給我們許多教誨。

這樣，韓半島——我們民族的母親會帶著觀音菩薩般祥和的微笑、像天使般溫柔地把我們擁入懷中，一邊說，來吧，不要擔心，在我的懷抱中永遠地繁衍生息吧。

3. 土地屬於誰

我向工作了四年的漢城大學提交了辭呈，獲得批准後開始四處流浪，非常偶然地與舊日的老師重逢。他住在公州郡反浦面的鶴峰裏，與女兒一起生活在從大田到公州國道轉向東鶴寺的樸正字三叉路口。無論怎麼說，我們的相遇都像冥冥中早已注定的。八年前我在全北大學，老師寄居在母嶽山歸信寺，那次的邂逅也純屬偶然，但這次重逢使我們感覺上次的相遇似乎也並非偶然。

因爲積極參加或明或暗的義兵活動，老師的上一輩中有四十多人遭到殺害，後來，他專心察看、補救地氣，偶爾從事文學活動。這次重逢，我發現他蒼老了很多。那些號稱義兵討伐隊作日本鬼子走狗的人，子孫後代如今都生活在漢城等大城市裏，成爲各階層的領導人物，過著舒適的生活，眞正義兵的後代卻輾轉生活在深山老林之中。我們該怎樣認識這種歷史現實呢？又該如何認識自己呢？我感到非常困惑。

土地一定知道答案，但這對我們這些生活在今天的一般人來說又有什麼意義呢？即便有意義，誰又能斷定土地眞地知道。我雖然名義上研究土地，卻仍聽不懂土地講述的歷史，我們傳統的風水思想要求聽懂土地的講述，但我的水平還相去甚遠。

此外，我們的土地已經日本化、西歐化，我懷疑它是否還有生命。人們把土地的這種變質稱爲發展、開發，大加讚揚，更加劇了混亂。現在，這片山河何處還有人性化的地方？到處都在切、截、壘、烤、煎、抹，散發著腐敗、燃燒的氣味，風水寶地已經無處可尋。

從鶴峰沿著雞龍山山脚前行，越過一條溪穀，就到了一個名爲東越的地方。這裏生活著一位嚴仁壽老奶奶，她以八十八歲的高齡，仍供奉著檀君老爺爺的牌位。如果在這裏住上幾天，能碰上各種各樣的人，老奶奶不是道士，從不爲個人求神，不爲任何人算命或改命，她眞心爲這片土地和這個民族的幸福而祈禱，作爲這片土地眞正的女兒，她的一生非常充實。她的兒孫都生活很好，想請她去城市居住，她說，我不能撇下檀君老爺爺一個人走。她獨自在山裏過著形影相弔的生活，那種孤獨和痛苦無法形容。她說，只想從外面找一個人，現在陪自己聊天兒，將來自己脫去肉身離開這個世界後，他能繼續供奉檀君老爺爺。現在看來，這個願望很難實現。

山下的城市居民認爲老奶奶是個怪人，有知識的人更是如此，大學裏似乎該有研究這一領域的專業，但是沒有。雖然到處都有宗教學、人類學、地理學、哲學、社會學、民俗學專業，但好像都將這一領域看作稀罕的觀賞對象。

當然，山間確實有很多騙子，十個當中有八、九個是假的。有些人號稱有法術，靠騙人養家糊口，出於同情，我們對這種人尙可容忍。但騙子當中有一些人作了權貴和富豪的走狗，平時祈禱他們富貴榮華、萬壽無疆，假日裏就像管家一樣侍奉他們的家人，以此作爲斂財的手段，這些人我們無法容忍。如果給這些富貴人家的孩子抓青蛙、送鯢魚，那些不懂事的孩子們只會當作能動的玩具，玩膩了就隨手一扔，反倒助長了他們對生命的蔑視。儘管如此，他們的父母還因爲讓孩子學習了大自然、看到了農村的現實而洋洋自得，這片土地的主人到底是誰呢？

受過教育的人，特別是大學裏的人感興趣的大都是西方的東西，把我們自己的東西看作毫無價値的玩具。究其原因，以傳統自居的騙子們負有一定的責任，但只要翻看一下所有社會科學領域的教學計畫，我們立即會意識到，更根本的原因在於學術體系中外來的東西過多。雖然有些教授偶爾也研究我們自己的東西，但大學裏的人都知道，那很少能反映在教育上。

某一雜誌刊登了外國記者撰寫的批評韓國雜誌的文章，文章中說，大學教授所寫的文章沒什麼看頭，韓國的雜誌卻常常刊登。因爲我也是這種教授中的一員，讀後不禁有些面紅耳熱，仔細想想，人家說得也對。寫文章時如果套用所謂客觀性、科學性的理論，高談闊論一番，確實很難讓一般讀者滿意。

對土地也是如此，由於照搬西方地理學理論及其理論體系，我們的國土經過扭曲變形，已經實現了所謂的開發和近代化，如果現在再談西方的理論，只會可有可無，徒勞無益。有時候，從正統的風水思想而非歪曲、墮落的風水出發發表一些文章，容易引起較好的反應，卻會招致教授們的一片責難之聲，說風水沒有邏輯，因此不是學問，其實他們根本不知道正統的風水是什麼。到底這片土地屬於誰？儘管我不是很清楚，但感覺無論是在政治還是經濟領域，我們似乎尚未對自己的東西有像樣的研究。近來，我深切地感到應該建立我們自己的政治學和經濟學，指導我們的政治和經濟。

在雞龍山的一條溪谷裏，看著日本鬼子走狗的子孫和義兵的子孫之間形成的鮮明對比，我感到胸中一陣刺痛。

註釋

①金炳淵（1807～1863），朝鮮王朝後期的流浪詩人，字蘭皐，別號金笠。
②丁若鏞（1762～1836），朝鮮王朝後期的實學家、文學家，字美鏞、頌甫，號茶山、俟庵。
③洪大容（1731～1783），朝鮮王朝後期實學者，字德保，號弘之，堂號湛軒廣為人知。
④朝鮮王朝第四代王，在位時間為 1418～1450 年，名道，字元正。
⑤朝鮮王朝主管雜務和技術的高位官職，大多由從一品或正二品的官員兼任。
⑥朝鮮王朝第三代王，在位時間為 1400～1418 年，名芳遠，字遺德。
⑦朝鮮王朝第六代王，在位時間為 1452～1455 年，名弘暐。
⑧按照朝鮮王朝的習慣，王族出生時臍帶要埋在地下，埋藏臍帶的石室即胎室。
⑨朝鮮王朝官職名，官階為正九品或從九品。
⑩朝鮮王朝的司法機構。
⑪朝鮮王朝第五代王，在位時間為 1450～1452 年，名珦，字輝之。
⑫朝鮮王朝第一代王，在位時間為 1392～1398 年，姓李，名成桂，字仲洁，號松軒。

⑬《端宗實錄》第14卷，端宗三年五月乙卯條。——作者注

⑭朝鮮王朝第八代王，在位時間爲1468~1469年，名晃，字明照。

⑮鄭麟趾（1396~1478），朝鮮王朝初期的文臣，字伯睢，號學易齋。

⑯朝鮮王朝議政府的官職，又稱右相、右政丞等，爲正一品官職。

⑰沈溫（?~1418），朝鮮初期的文臣、世宗的丈人，字仲玉。

⑱李滉（1501~1570），朝鮮王朝中期著名的儒學家，字景浩，號退溪。

⑲李瀷（1681~1763），朝鮮王朝後期實學家，字子新，號星湖。

⑳朴時翼，《風水地理學說的發生背景分析研究——爲合理運用於建築》，高麗大學研究生院建築工學科，博士學位論文，1987年，第230~243頁。——作者注

㉑傳說中古朝鮮的始祖。

㉒古朝鮮政治集團首領的稱號。

㉓朴容淑，《韓國的原始思想——原型研究方法序說》，文藝出版社，1985年，第23~25頁。——作者注

㉔高句麗第二代王，在位時間爲?~18年，名類利、儒留、累利、朱留。

㉕金光彥，《韓國的居住民俗志》，民音社，1988年，第21頁。——作者注

㉖韓半島的別稱。

㉗簡稱韓國歷史上新羅末期與高麗初期的交替時期。

㉘崔柄憲，以上論文。——作者注

㉙拙稿，〈民衆與風水思想〉，月刊《話》，1989年12月號。——作者注

㉚《高麗史》，〈太祖世家〉第二十六條。——作者注

㉛《山水秘記》由義湘撰寫之說源於車天輅。——作者注

㉜拙稿，〈釋道詵國師的風水地理思想〉，《先覺國師道詵的新研究》，靈岩郡，1988年，第135～182頁，此外還參照了其他學者關於左記書的研究論文。——作者注

㉝金庾信（595～673），新羅名將，爲統一三國做出了巨大貢獻。

㉞新羅時期的風水師。

㉟《高麗史》，〈高麗世系〉。——作者注

㊱慶甫（869～947），據傳爲後三國時期至高麗初期的僧侶，曾留學唐朝。

㊲崔知夢（907～987），高麗初期的文臣。

㊳《三國遺事》第4卷，〈賓壤利木條〉。——作者注

㊴王規是廣州的豪族，兩個女兒分別爲高麗太祖王建的第15位、第16位妃子，高麗第2代王惠宗時期，他爲扶持自己的外孫廣州大君繼承王位發動了叛亂，被稱爲王規之亂。

㊵高麗第三代王，在位時間爲945～949年，名堯，字天儀。

㊶高麗第四代王，在位時間爲949～975年，名昭，字日華。

㊷李基白，《韓國史新論》，1985年，第126、127頁。——作者注

㊸高麗時期佛教界爲挽救日益墮落的佛教發起的革新運動。

㊹高麗第十七代王，在位時間爲1123～1146年，名楷，字仁表。

(45)妙清又名淨心，仁宗時期曾上奏遷都西京，後來在西京平壤發動叛亂，被稱爲妙清之亂。

(46)《高麗史》，〈太祖世家〉二十六條，〈訓要十條〉第五訓。——作者注

(47)高麗中期的外戚大臣，曾圖謀篡位，被另一權臣拓俊京逐出。

(48)《高麗史節要》，仁宗元年條。——作者注

(49)《朝鮮金石總攬》。——作者注

(50)高麗第十一代王，在位時間爲1046~1083年，字燭幽，又名徽。

(51)高麗首都開城的另外一個稱呼。

(52)朝鮮王朝初期設立的國政最高決策機構。

(53)高麗、朝鮮時期的官職名。

(54)無學（1327~1405），高麗末年朝鮮初期的高僧，曾爲朝鮮開國君主太祖的老師，爲朝鮮王朝的建立做出了貢獻。

(55)韓國的十四個道之一，道是中央下屬的行政單位，相當於中國的省。

(56)朝鮮王朝初期各個道的最高行政長官。

(57)朝鮮王朝初期門下府的長官。

(58)高麗時期掌管天文、曆數的機構。

(59)書雲觀副三品館員。

(60)李重煥（1690~?），朝鮮後期實學者。字輝祖，號清潭、青華散人。

(61)《世宗實錄》十五年七月，甲寅條。——作者注

62 朝鮮王朝中後期的風水師。

63 《光海君日記》壬子年九月二日條。——作者注

64 朝鮮王朝宣祖時期大臣。

65 拙稿，〈陰宅風水的發蔭及對其批判的考察〉，《韓國喪葬禮》，國立民俗博物館，1990年，第187～204頁。——作者注

66 《湛軒書》內集，第三卷補遺。——作者注

67 《星湖僿說》第二十卷，人事門，堪輿說條。——作者注

68 《北學議》外篇，葬論。——作者注

69 朝鮮王朝末期的革命家、農民起義領導人。

70 朝鮮王朝末期東學農民運動的領導人。

71 自朝鮮王朝以來在韓國民間廣爲流傳的一部預言書。

72 朝鮮王朝末期，崔濟愚爲反對西方傳入的天主教，在韓國傳統的薩滿思想中添加儒教、佛教、道教的思想因素創立的宗教。

73 在東學的基礎上發展起來的韓國民族宗教。

74 1901年姜一淳在全州母岳山下創立的吽哆教和此後他的夫人高氏創立的太乙教及現在的大巡眞理會等的統稱。

75 1916年朴重彬創立的宗教。

76 1916年，車京錫在全羅南道創建的宗教。他死後，被定爲邪教，遭解散。

⑦二十世紀初，姜大成將儒教、佛教、道教融合在一起創立的宗教。

⑱〈重新審視風水思想〉，《新東晉》1991年1月號，第444~463頁。——作者注

⑲傳統韓國式建築中介於房屋與庭院之間的部份，一般上有屋檐遮擋，下面鋪有木板。

⑳這一部份出自經筆者指導、於1992年2月在漢城大學研究生院獲碩士學位的成東煥論文，是對第2章第4節的內容整理而成。——作者注

㉑中國唐代的文人、學者、風水師。

㉒韓國傳統面積單位，1坪約等於3.3平方米。

㉓爲朝鮮王朝最高行政機構的正二品官職。

㉔朝鮮王朝最高行政機構議政府的首領，也爲百官之首。

㉕高麗第卅一代王，在位時間爲1351~1374年，名伯顏帖木兒，號怡齋、益堂。

㉖又名寶塔實里公主，是中國元朝皇族魏王之女，高麗恭愍王之后，1365年死於難產。

㉗韓國京畿道南楊州郡地名。

㉘本章部份內容是由經筆者指導，於1992年獲漢城大學研究生院碩士學位的崔元石的論文整理而成。

㉙韓國古代祭祀天神的地方，神官將鈴鼓繫於大樹之上，天官主管奉祀之事。現在演變爲長桿。

㉚高麗時期在首都開城周圍的三個地方設立三蘇，即左蘇（白岳山，今長湍白鶴山）、右蘇（白馬山，今開丰郡大聖面）、北蘇（箕達山，今新溪東部），第十九代王明宗在此建造三

蘇宮，王巡駐於此地。

⑨① 休靜（1520~1604），朝鮮中期的僧軍將領，爲抵禦日軍的侵略做出了貢獻，號西山。

⑨② 新羅末代君主敬順王的太子，新羅投降高麗後，隱居山林。

⑨③ 韓國的一個地方行政區劃，相當於中國的省。

⑨④ 本篇的最後部份轉載自拙著，〈所謂吉地是指哪裏〉，1990年，《西海文集》第491頁。——作者注

⑨⑤ 朝鮮王朝主管司法的行政機關。

⑨⑥ 道的最高行政長官，道是中央的下一級行政區劃，相當於中國的省。

⑨⑦ 原爲漢武帝時人，官至金馬門侍中，以詼諧和善辯聞名。傳說他偷吃了西王母的蟠桃，得以長生不老，所以被稱爲『三千甲子東方朔』。——作者注

⑨⑧ 李乙浩，〈韓國的實學思想〉，《茶山學報》第6期，茶山學研究所，1984年，第241~250頁。——作者注

⑨⑨ 吳院種，〈韓國實學思想與湖南〉，《茶山學報》第8期，1986年，第5~9頁。——作者注

⑩⓪ 奎章閣圖書，圖書編號11638，李重煥，《東國山水錄》〈四民總論〉，此書更有名的題目爲《擇里志》。——作者注

⑩① 拙著，〈所謂吉地是指哪裏〉，《西海文集》，1990年。——作者注

⑩② 《山法全書》卷之首上，生氣條，刊行年代不詳，上海，九經書局。——作者注

(103)《中文大辭典》第七冊，經部，1982年，中國文化大學出版社。——作者注

(104)李肯翊（1736~1806），朝鮮後期實學者，字長卿，號燃藜室。

(105)鄭東愈（1744~1808），朝鮮後期實學者，號玄同。

(106)《琢玉斧》第61卷，尋龍歌。——作者注

(107)認爲小國理應尊奉大國的觀點。

(108)《東國山水錄》〈卜居總論〉，山水總論條。——作者注

(109)朝鮮王朝第廿一代王，在位年代爲1724~1776年，姓李，名昑，字光叔，號養性軒。

(110)《湛軒書》，內集第三卷，補益。——作者注

(111)《東國山水錄》，〈八道總論〉，平安道條。——作者注

(112)同一書，咸鏡道條。——作者注

(113)同一書，黃海道條。——作者注

(114)同一書，江原道條。——作者注

(115)~(120)同一書，同一條。

(121)同一書，慶尙道條。——作者注

(122)~(124)同一書，同一條。——作者注

(125)、(126)同一書，全羅道條。——作者注

(127)~(137)同一書，忠淸道條。——作者注

(138)~(143)同一書，京畿道條。——作者注

⑭、⑮《東國山水錄》，〈卜居總論〉，地理條。——作者注

⑯朝鮮王朝初期負責典籍、進講的政府機構。

⑰朝鮮王朝初期的官職。

⑱李賢老（?～1453），朝鮮王朝初期文臣。

⑲中國古代著名風水師。

⑳朝鮮時代官職。

⑮①魚孝瞻（1405～1475），朝鮮初期的文臣、學者，字龜川，號万從。

⑮②高麗第八代王，在位時間爲1010～1031年，字安世。

⑮③高麗太祖王建的陵墓，位於開城附近的開風郡。

⑮④朝鮮第九代王，在位時間爲1469～1494年。

⑮⑤劉壽垣（1694～1755），朝鮮後期的文人、學者，號聾庵、聾客，字南老。

⑮⑥朝鮮時代官職名。

⑮⑦中國宋代文人、學者。

⑮⑧中國宋代文人、學者。

⑮⑨邵雍（1100～1177），中國宋代的學者、詩人，號安樂先生，字堯夫，諡號爲康節。

⑯⓪羅大經（1196～1242），中國宋代文人，字景綸，號儒林，又號鶴林。

⑯①朴齊家（1750～1805），朝鮮後期實學者。字次修、在先、修其，號楚亭、葦杭道人。

⑯②中國宋代的文人、學者。

⑯③高麗末期門下府的副一品官職。

⑯④朝鮮時代官職名。

⑯⑤朝鮮王朝第十代王，後被廢黜，在位時間爲1494~1506年。

⑯⑥朝鮮王朝第十一代王，在位時間爲1506~1544年，成宗第二子。1494年被封爲晉城大君，1506年被擁戴爲王。

⑯⑦高麗第卅四代君主，在位時間爲1389~1392年。

⑯⑧高句麗第廿代王，在位時間爲413~491年，名巨連、璉。

⑯⑨高句麗第廿五代王，在位時間爲559~590年，名陽城。

⑰⓪高句麗第十九代王，在位時間爲391~412年。

⑰①地名，位於朝鮮黃海南道。

⑰②朝鮮平安北道鐵山半島與黃海南道長淵半島之間的三角形海灣。

⑰③百濟第廿二代王，在位時間爲475~477年。

⑰④百濟第廿六代王，在位時間爲523~554年。

⑰⑤新羅第卅一代王，在位時間爲681~692年，姓金，名政明，字日招。

⑰⑥高麗第十八代王，在位時間爲1146~1170年，名晴，字日升。

⑰⑦高麗第廿三代王，在位時間爲1213~1259年。

⑰⑧編註：漢城已改名爲首爾。

⑰⑨1972年10月，韓國第七任總統朴正熙建立的一種特殊體制，從朴正熙開始第八任總統任

期的1972年12月持續到1981年。

⑱新羅第廿七代王，在位時間爲632～647年，姓金，名德曼。

⑱新羅高僧，俗姓金，名善宗。

⑱朝鮮王朝末期的王族、政治家，字時白，號石坡，名是膺，是英祖的第5代孫、朝鮮第26代王高宗的父親。

⑱崔南善（1890～1957），文化運動家、作家、史學家，號六堂。

⑱元曉（617～686），新羅時代著名的僧侶。俗姓薛，法名元曉。

Trans*

Trans+

Trans+

Trans'